Палестина. След в след с Наблюдателем

Arkadiy Margulis and Vitaliy Kaplan

Published by Mark Kvit, 2024.

ПАЛЕСТИНА. СЛЕД В СЛЕД С НАБЛЮДАТЕЛЕМ

First edition. February 10, 2024.

Copyright © 2024 Arkadiy Margulis and Vitaliy Kaplan.

ISBN: 979-8224134236

Written by Arkadiy Margulis and Vitaliy Kaplan.

«Палестина» -
«След в след с Наблюдателем»

✳✳✳ По дороге к дому Ахмада

Едва над горизонтом показался пастельный шар солнца, заиндевевшее облако стряхнуло наземь невесомую пелену. Кисея устлала городскую площадь, но затем, словно аура, собранная вселенской лупой, превратилась в подпалину, точь-в-точь в тень человека. Сквозь неё просвечивался тротуар в траурной паутине щелей и трещин. И тут же, как иллюзия, возник сгорбленный силуэт. Может быть, планетарного патриарха или, не исключено, старейшего долгожителя в секторе Газа, очага сокровенной харизмы. Внешностью вполне под стать месту и времени. Курильщики, облокотившись на подоконники, спроваживая дым в открытые окна, проморгали его появление. И, конечно, прозевали мелодичный речитатив, похожий на кантату ветра в надтреснутом устье амфоры. Но даже если бы и расслышали, то вряд ли сумели уловить в нём напоминание: «Сначала Бог создал землю...» Проникновенное на языках и наречиях.

Извечно великая непостижимость пространства выплёскивала в космос сгустки энергии, дарованные Земле. Насыщенные заповедями и предвестиями. Старец не знал цели, но с завидным рвением и неисчислимой энергией выполнял начертания. Даже наложенные друг на друга и совпадающие во времени. Именно поэтому он присутствовал одновременно всюду. В любом месте, в каждый момент, во всякой ипостаси – женщины, мужчины или ребёнка. В произвольном стечении событий, в их прихотливых сочетаниях ломалась хронометрическая последовательность. Иногда могло показаться, что стрелки часов обращались вспять. Всего лишь почудиться, ведь порядок оставался прежним. Информация, словно собранная мириадами пчёл амброзия, навсегда складывалась в несметные соты памяти. Ему завещалось высшее призвание – наблюдать и запоминать – так, чтобы история всегда оставалась чистой. Без примеси искажений. Не исчезала. На это и был сподоблен Наблюдатель – одухотворённый перст Божий. Одна из Его неисчислимых функций. Этим и жил.

Старик сокрушался: «Человек, чудо творения, кто смеет спорить! Смеют! Они, люди. Неблагодарное разрозненное стадо! Одни веруют в Бога, или в нескольких богов сразу. Другие в Высший Разум. И третьи – эти ни во что не верят! Горемыки! Один из учёных мужей доказал существование Божеских следов и мет. Обоснует и самое бытие Творца. Какая разница, назовёшь Создателя Господом или Высшим Разумом. Кто в силах представить себе, что Хаос может породить Порядок? Измени единственную цифру в естестве мироздания, и оно погибнет. Исчезнет Творение, но отвергнет смерть Разум. Бог был всегда и всегда будет. Он бесконечен. Точно так и человеческий ум всегда считался благом. Божественным даром».

Старец проложил себе маршрут, включавший первые из намеченных поприщ. Сначала ему предстояло добраться к дому безбородого Ахмада. Ничем не примечательной постройки скромного банковского чиновника. Кроме того, что она надёжно ограничивала тесный рынок со стороны, наискосок противоположной чайхане толстяка Мансура.

Рыночная площадь находилась в нескольких куцых кварталах от Торгового центра, и Наблюдатель без затруднений вышел к заветному перекрёстку. Чайханщик спозаранку открыл заведение. Он, несомненно, был прав. Солнце поднималось выше и выше, и духота подгоняла жителей окрестных улиц за покупками, пока не стало жарко. Что может быть желаннее фруктов на обеденном столе. Но именно это обстоятельство было на руку и Мансуру. Больше посетителей на рынке – больше шансов, что кто-нибудь из них пожелает пропустить стаканчик-другой эффектно заваренного чаю.

Наблюдатель выбрал один из трёх столиков на тротуаре. Почему-то именно тот, что краем выползал из-под навеса. Чайханщик немедленно захлопотал вокруг гостя.

*** Стрела Аладдина

Наблюдателю нравилась Газа. Нравились люди, населявшие её. Бесхитростные, эмоциональные, настоящие. Если бранятся, то до конца. Если любят – до гроба. В других землях таких давно нет. Вымерли, как динозавры. Так уже бывало. Климат посуровел, и большие ящерицы уступили место мелким, зато высоко интеллектуальным существам.

В ближних землях, у соседей-евреев, повеяли новые моды. Новые заморочки. Нахмурил излишне брови – плати штраф. Разразился не в меру эмоциями – схлопочи срок условно. Сказал женщине комплимент – гряди в места не столь отдалённые.

Вблизи, но не здесь. Пожалуйте убедиться – и Наблюдатель по привычке наблюдал. Вот и теперь он смаковал вкусный, тягуче-маслянистый чай в крошечной, на три столика, чайхане толстого Мансура. Неразбериха первого впечатления постепенно исчезала. Теряла непосредственность беспорядка, лишалась импровизации... Если внимательно разглядеть.

Рынок. Дети воробьиной стайкой порхали от лотка к лотку, ничего не покупая. Хихикали. Бранились с босоногими, как и они, продавцами. Так проходила минута, другая. С десяток. Иногда час. Здесь, в Газе, времени не придавалось значения. Время здесь вообще иное. Не такое, как везде. В Газе оно всегда двигалось не строго по прямой. Наоборот, извивалось отдельно, не оставляя путевых отметин. В Газе время имело траекторию, отличавшуюся от полета пули. Переменную. То в мгновение ока, то со скоростью черепахи. Порой замкнутую, порой штрих-пунктиром. Но всегда точно в цель. Вот и детишки запропастились, потому что карманы, раньше свисавшие впустую, заметно распухли и раздались в стороны.

Чем не спектакль. Сущая гармония. Появилась и героиня. Славная девушка, природная лань. Чёрный хиджаб с узкой прорезью для глаз. Или это опытная женщина? Не рассмотреть. Хотя – скорее, девушка. Худенькая. Стройненькая. Из глаз алмазинки солнца. Шла гордо. Головкой из любопытства не крутила. Береглась. Точно – девчонка. Остановилась у лотка со сладостями. Застыла, как вкопанная. Одежда – искусство. Покрой свободный, а фигурка проглядывала. По ткани волна – ожидание лакомства. Так дрожал бы за шоколадку ребёнок, неизлечимый от диабета. Торговец скорее подросток, чем юноша. Щёки только-то опушились. Ещё немного, и нежная поросль превратится в войлок – густую гордость правоверного мусульманина. Засуетился бедняга. Забегал, расхваливая товар. Сорвал с шеи не совсем чистое, но приличной длины полотенце. Отогнал сонных, отъевшихся в безмятежьи мух. Девушка оценила. Ухватила пальчиками в белой перчатке угощение –

кубик рахат-лукума. Сунула под хиджаб. Лица не видно. Оно, несомненно, в усмешке.

Если всмотреться попристальнее, откроется тайна. Пока одна женская ручка принимала сладость, другая летящим движением рассталась с восьмикратно сложенным листочком. Скажите-ка! Записка, любовное послание – ведь так хотелось романтики – вмиг исчезла под перчатку. Много раньше, чем дремавший под щедрым солнцем чайханщик успел мигнуть. Но, очнувшись, спросонья решил перейти на кофе. Предложил, почтительно наклонившись. Наблюдатель возражать не стал. Украдкой пошарил в кармане. Как-никак окончательно вжился в роль. Нащупал два бумажных пакетика с сахаром, прихваченных как-то из пятизвёздочной гостиницы в Дубае. Мансур отвернётся, и можно улучить момент, чтобы подсластить. Шиком в Газе всегда считался кофе без сахара. Но именно это не особо вкусно. Да и на приторную пахлаву, поданную хозяином, любому человеку зубов не напастись.

Таинственная «Джульетта» – как ещё назвать – удалилась. «Ромео» же распалился всерьёз. Влип в горячку. За утро умудрился передать пять любовных посланий постоянным клиенткам. Рисковал паренёк. Не без того...Хотя текст, несомненно, трафаретный. Пылкие признания не изменились со времён Шекспира. Соперницы вряд ли посвятят друг дружку в амурные страсти. Шанс, если и стремился к нулю, то изначально был скуден. К тому же бдением со стороны родственников мужеского пола пренебрегать не полагалось. Опасно.

Кофейный аромат завораживал мысли. Наблюдатель погрузился в нирвану и не сразу уловил подвижку. Новое действо разворачивалось у домика с недавно надстроенным этажом. Наблюдателю вдруг вспомнилось, что хозяин постройки безбородый Ахмад, тщедушный, с чрезвычайно подвижным лицом, обожал детей. Наблюдателю никак не удавалось определить, сколько их. Пять? Восемь? Или, не исключено, все десять! И жён несколько? Обустройство семейного гнёздышка требовало средств, чего у Ахмада очень не доставало. О грустном положении явствовали стены, не удостоенные облицовочного камня. Голое здание хотелось пожалеть, как вздрагивающего от стыда пуделя, обритого на лето сострадательными хозяевами. Как раз случай, когда сочувствие не выглядит однозначно.

Ахмад препирался с благовидными господами. «Очень похожи на подрядчиков» - решил Наблюдатель, не вдаваясь в подробности. Кому ещё быть возле строящегося дома, как не строителям. Один в белом балахоне до пят. Видно, старший. Прочие в новеньких камуфляжах. У всех чёрные бороды. Контрастно белые зубы. Много ровных и здоровых зубов. Сказать честно, это признак богатства в Газе. Все трое улыбаются и спорят. Спорят и улыбаются. Через площадь слышалось, как они убеждали Ахмада в неизбежности копать глубже. Рыть именно там, где они стояли. Вежливо топали под собой ногами, обозначая точное место. Грозили указательным пальцем. Призывали в свидетели небо. Изображали траектории божьего гнева в случае отказа. Безбородый на то и безбородый – гнева не страшился. Жалобно выкатывал глаза. Тряс головой. Выторговывал скидку. Упорно стоял на своём, указывая на детей. Наблюдателю в кои-то веки удалось сосчитать – как раз двенадцать. Стояли полукругом, мал мала меньше. Слушали внимательно, с интересом.

Подрядчикам вскоре спор надоел. Враз помрачнели, перестали улыбаться. И заговорили на низких тонах. Детей словно ветром сдуло. Безбородый побледнел – вдруг уйдут, не достроив. Стал лебезить, хватать за рукава, воздевать руки к небу. Но подрядчики перестали слушать. Отворачивались. Тогда Ахмад покорился и сник. Пустил слезу, махнул рукой и умчался в старенькой, грозившей развалиться «Субару». Куда? Куда же ещё! Видно, в банк за деньгами, чтобы оплатить работу.

Между тем, подрядчики не зевали. Один из них, охранник Али, позвонил по телефону. Серьёзная фирма. Наблюдатель для удобства нарёк его Аладдином. Почему бы и нет? Аладдин из арабских сказок тёр лампу, и желаемое сбывалось. Этот чесал языком по телефону. Результат получался одинаковый – радикальное решение проблем.

Сезам! Подрулил рефрижератор. С земным поклоном опустился пандус, по нему изнутри сбежал экскаватор. Интересно, что делал в холодильнике этот недомерок? Остывал после запарки? Наблюдателю он напомнил щенка – милягу увальня. Но лишь на первый взгляд. Карлик оказался не декоративным. Вгрызся зубьями в землю, как джунгарский хомячок в незрелый патиссон. В отрытую канаву засунули незатейливую конструкцию, затем приладили болванку с тупым оскалом. Ракета? Рыть землю снарядом? Становится интересно! Затем шевеля гусеницами, коротышка покатил к дому. Обгрыз землю под стенами. Заехал за угол. Пожужжал и там. Появился с другой стороны. Довольный, притомившийся. Поднялся в рефрижератор охлаждаться. Бородатые труженики сложили в канавки вокруг дома перевязанные брикеты – похоже, топливо – и припорошили землёй. Сверху пробросили проводок, чтобы сразу найти.

Наблюдатель привстал. Он начинал по-настоящему вникать. Невероятно! Так увлёкся работой подрядчиков, что пропустил основное. Кишащая жизнью площадь опустела, как перед тропическим ливнем. Торговцы с покупателями исчезли, словно тень минарета в полдень. Соседние магазинчики закрылись. Хозяин чайханы, толстый Мансур, оставив на столе полный кофейник, будто сквозь землю провалился. Наверняка, юркнул в ближайшую подворотню.

Любопытная детвора Ахмада попыталась выбраться из дома, но строители шикнули грозно, и мелюзга спряталась под материнские бурки. Строители уселись в кабину рефрижиратора. Посовещались. Затем наружу выскочил Аладдин. Послюнявил палец. Воздел кверху, проверив направление ветра. Подбежал к болванке, сместил в сторону. Чиркнул зажигалкой. Метнулся к кабине и с разбега запрыгнул. Машина рванула с места.

Подрядчики не ошиблись в расчётах. Они знали толк в способах прокладки траншей. Болванка Аладдина стрелой взмыла в небо, вспышка подбросила огрызки железа и углубила отрытую яму. Шрапнель царапнула стены.

Наблюдатель облегчённо вздохнул. Можно и аплодировать. Тонкая работа. Он повертел головой, чтобы отыскать кого-нибудь, с кем разделить впечатление. И никого не нашёл. Но в тот же миг свет перевернулся. Гулкий взрыв встряхнул округу, снова углубив яму. И ещё один! И ещё! Ответ разразился из стороны, куда улетел гостинец Аладдина! Какая неосторожность! Сдетонировали брикеты, и домишко Ахмада с пыльным выдохом сложился внутрь, сам в себя! Наблюдатель много знал о траекториях Божьего гнева, но сейчас не сумел вспомнить, сколько у безбородого Ахмада было детей. Вроде, двенадцать?

Казалось, тишина воцарилась надолго. Но нет! Картина опустошения ожила. Отовсюду к дымящимся руинам бежали люди с вёдрами. За ними мчались десятки репортёрских расчётов, по совпадению проживавших рядом. Спешили выполнить опасный долг журналиста! Вещать из свежих развалин. Подрядчики с горестными воплями извлекали из-под руин искалеченные тела. Примчалась, обогнав кареты «скорой помощи», старенькая «Субару». Небеса! Это вернулся несчастный отец! Как объять горе безбородого Ахмада! Оно неподдельно. Неизмеримо. Наблюдатель видел и слышал!

Ахмад, Безбородый Ахмад взбежал на развалины с булыжником в руке. С криком упал на щебень раненый в голову Аладдин. Кровь, вопли. Строители тащили в сторону Ахмада. Он упирался, рыдал и звал поимённо своих детей...

Боль. Нестерпимая боль. Остальное – подделка. Кровавая, но обыденная. Телеканалы разнесут лукавые кадры! Бесчеловечное преступление «Израильской военщины»!

Теперь всё сначала. Пара пакетиков сахара, чтобы подсластить! Брикетики топлива попарно для подогрева! Репортёрский набег! Затраты, проплаченные сторицей!

Земля Обетованная, когда-то прозванная завоевателями «Палестиной»! В честь других заклятых врагов! Земля праотцов, Израиль! Дом родной, залитый еврейской кровью! Разве не на головы твоих детей падают арабские ракеты из Газы? Безумные стрелы Аладдина! Разве кровью твоих детей очистятся мёртвые дети Ахмада? Загодя или после? Какая сослагательная ретушь! Мёртвые дети на телеэкранах! Раненые мученики с ужасом в зрачках! Люди, разве вы не верите в это?

Очнитесь. Прозрейте. Узел всегда о двух концах.

«Что касается меня, то я против насилия...» – сокрушённо подумал Наблюдатель. Ему захотелось поменять место наблюдения. Найти не тронутое грязной рукой режиссёра. «Непостижимо, - сетовал он на порочность мирского уклада. - Евреи отстаивают право на жизнь, арабы – право на смерть. Как договориться?»

***** По дороге к больнице Шифа**

Иногда Наблюдателя раздражала бытовая рутина. Как, например, не раздумывая, добраться к месту следующего наблюдения. Скажем, к больнице? Варианты складывались вычурно, словно в калейдоскопе, но до обидного медленно.

Некстати почувствовался голод. Наблюдатель решил покориться, перекусить. И тут же зашёл в подвернувшийся на улице ресторан. Общительный хозяин заведения славился залежами анекдотов на любую тему. С развлечениями в Газе было туго, но когда становилось невмоготу, люди спешили к весельчаку Гафуру. Балабол Гафур – так называли его в народе.

Наблюдение сродни чревоугодию: раз уж втянулся – пропал, нет сил остановиться. Порой, правда, возникало желание передохнуть. Попытаться. Получалось, но ненадолго. И снова приходилось, чуть прищурившись, плавно зачерпнуть свежайшей лепёшкой гущину из глубокой тарелки и, мечтательно закрыв глаза, принять лакомство в рот. Когда хумус касался нёба, возникали ощущения полёта. Словно дрожащие пальчики подростка трогали нательное бельё девственницы. Но есть лишь то, что есть. Наблюдать – не только способность видеть, осязать и чувствовать. Ещё и будничность. Как, например, пробраться к месту наблюдения, если вой сирены сверлил мозг в решето, придавая хумусу привкус железа. Словно, зубы погружались в загустевшую кровь.

Наблюдатель приоткрыл глаза. В окне ресторана виднелась улица. По улице, разгоняя чадящие драндулеты, неслась как бык, сверкая зрачками на бандерилью, карета «скорой помощи». Сходство придавали бортовые маячки, жонглирующие вспышками, и рога, намалёванные полумесяцем на капоте.

Наблюдатель с трудом сглотнул недожёваный кусок и благословил обитателей фургона. Отчего-то он был уверен, что пациент выживет. Если, конечно, наладит образ жизни. Кажется, сегодня ему ничто не грозит. Иррациональное восприятие, сравнимое, разве что, с напряжённым перекрёстком. С какой стороны ни подъедешь, обязательно упрёшься в красное око светофора.

Наблюдатель клюнул помидорчик, зачерпнул хумуса. Отправил в рот. Уже не то. Вкусно, но – не то. Наподобие соития, прерванного случайным звонком:

- Скажите, это прачечная?

- Нет... - чуть слышно сквозь прерывистое дыхание, - это квартира...

- Простите, ради Аллаха... Ошибка...

И длинные гудки. Как мило. Ошибка? Кому понадобится прачечная в третьем часу ночи!

Снова взвыла сирена. Не такая заносчивая, как впервые, но всё же бранчливая. И ещё одна. И ещё. Наблюдатель глянул на небо. Чистое. Не война. И не авария. Не эпидемия ли? Смешно. В стыдливой Европе лишения Газы давно провозгласили эколого-гуманитарной катастрофой. Но что, в частности, немцу смерть – жителю Сектора лишь досада. Сразу видно, здоровый народ. Выносливый, крепкий, мужественный.

Сирены не прекращались. Амбулансы шмыгали с интервалами в минуту, от силы две. Что ж, трапезу придётся отложить. Не быть Наблюдателю наблюдателем, если пище духовной предпочтёт телесную. Гафур-балабол попытался выудить из закромов анекдот, но не успел. Наблюдатель выскочил из ресторана. Поспешил поближе к событиям. Амбулансы, все как один, неслись в попутном направлении к больнице Шифа.

Граждане реагировали безукоризненно. Прятались в своих жилищах. ЦАХАЛ, армия Обороны Израиля, никогда не стреляла наобум по жилым кварталам. Его точечная цель – орудия, подвергшие Израиль обстрелам. Или оружейные склады и мастерские. Или командиры ХАМАС, если отдали кровавые приказы. Логика коренных Газа-чадцев никогда не подводила. Если над городом заметались инверсионные росчерки ракет – жди любую напасть. Нашествие крыс, эпидемию, мор новорождённых младенцев или прочие напасти. Город хоть и мегаполис начальных масштабов, но посекундно инфаркты случаться не могут.

Путь до Шифы занял четверть часа. За это время Наблюдателя обогнала дюжина воющих фургонов. Он даже ускорил шаг, замешкавшись предположить причину. Истина бродила где-то рядом.

*** Верный босс Абдуллы

Наблюдатель, не переводя дыхания, подошёл к въезду в больницу. Как раз к воротам подкатила очередная «Скорая» в фантастической короне вспышек. Поднялся шлагбаум. Фургон проехал, дважды подпрыгнув на шипах ограничителя. Задняя дверца распахнулась. В проём протиснулся и выпрыгнул наружу гигант в белом халате и с автоматом в руке. С матёрым господином «Калашниковым» – кто сейчас без него! Следом ещё один, такой же звероподобный, но весёлый. Обоих

Наблюдатель зачислил в «санитары». Вместе, как по команде, встряхнулись. Осмотрелись. Гаркнули на скачущего по делам докторишку. Тот остановился. Посмотрел острым, прищуренным сквозь оптику взглядом и, посоветовав быть поучтивей, метнулся в приёмный покой. Из машины в раскоряку выбрался упитанный господин, бородач в элегантно закрученном тюрбане. «Пусть этот будет Абдулла, - решил Наблюдатель, привыкший именовать своих наблюдаемых, – Ловкий Абдулла... вот что ему подходит».

Костюм «Армани», облачение вновь прибывшего господина, не копил статического электричества. И всё же двое амбалов осторожничали, лишь по необходимости прикасаясь к хозяину. Наблюдателя не смутил его облик. Пациентам позволительны различия. Но санитары должны походить друг на друга, как буддийские монахи на восемьдесят восьмом году изучения истин. И всё же гренадёры, вооружённые «Калашами», буддийских монахов не напоминали. Они бескомпромиссно двинулись вслед. Как только процессия исчезла в дверях больницы, Наблюдатель заглянул в недра фургона. О-го! Современный дизайн и потрясающая отделка. Телефонный узел, факс, ноутбук, принтер и шредер. Телевизор, кондиционер, вентилятор. Сногсшибательная техника. Навевающая мысли о слепой преемственности поколений.

Наблюдатель обошёл машину. Всё, как полагалось. Даже водитель в опрятном комбинезоне, ответственный за безопасность пациентов. Сверху всё ещё изощрялись проблесками маячки. На приоткрытой двери виднелся полумесяц, исполненный рукой художника. Завизжав тормозами, подкатила ещё одна «скорая помощь», заставив Наблюдателя отскочить в сторону. Потом подъезжали ещё и ещё. Из всех выбирались солидные граждане и под присмотром вооружённых санитаров следовали в больницу. Странно, непонятно, удивительно и слегка тревожно стало Наблюдателю. Видно, планировалось что-то необычное, чего раньше и наблюдать-то не приходилось. В новизне и заключалась ближайшая прелесть наблюдения.

Охрана такого строгого объекта, как госпиталь, всегда бдительна. Вооружённые амбалы пристроились за спинами подопечных. Несомненно, страдальцев – иначе, откуда бы их узнавали на входе. В ответ они кивали, важно соглашаясь с медицинским укладом. Наблюдатель незаметно пробрался за Абдуллой. Вошёл и ахнул. Ему почудилось, что собранные с миру по нитке гуманитарные миллиарды, разом пошли на обустройство храма здоровья. Вестибюль в точности напоминал холл пятизвёздочной гостиницы в Дубае. Пациенты – богатых туристов, уверенных в благополучном исхода. Врачи – сведущих и щедрых на терпение мудрецов. Медсёстры – заботливых и добрых фей. Современное оборудование. Новейшие технологии. Высочайший уровень диагностики – рентген, ЭКГ, УЗИ, МРТ. Ещё что-то, до сих пор невиданное. И вездесущие журналисты. И они вовремя взялись за живое! Вместо набивших оскомину нудных речёвок об оккупации – возвышенные оды гуманизму!

Ощущение нереальности побудило Наблюдателя выглянуть в окно. Снаружи – Газа. Неумытая, грязная, нищая. И что? Пусть себе. Зато здесь можно похворать в удовольствие! На высочайшем уровне! Полечился в Шифе издёрганный притчами о еврейской оккупации труженик, восстановил бодрость, подзарядил здоровье и – обратно, в звонкую повседневность. И всё ясно! Наблюдатель решил было выбраться на волю, но спохватился. Почти то же происходило с прожжёнными операторами СМИ. Спешили в Шифу к раненым, искалеченным, умершим, но попали в мир, который не хотелось покидать.

Между тем страдальцы, оберегаемые вооружёнными санитарами, куда-то исчезли. В палатах Наблюдатель их не застал. Может быть, все на процедурах? Но не нашёл их ни в перевязочной, ни на рентгене, ни в сестринской, ни в ординаторской. Остановился подле охраняемого автоматчиками лифта. Почему-то показалось, что именно в нём отыщется пропажа. Незамеченным проскользнул в подъёмник. Никого. Предусмотрительно-мягкий перенос и подвал. Минус первый этаж.

Вначале святая святых – «информационный куб». Бункер, как бункер, разве что чрезмерное количество мониторов и аппаратуры сотовой связи. Две сестрички в скрывающих формы балахонах. Жмутся друг к дружке, как озябшие овечки. Суровые мужчины в камуфляжах бесцеремонно рассматривают женское смущение. Нельзя же! Но кто их остановит! Напряжённая зона. В стороне коридорные лабиринты. Они заставлены больничными койками с пациентами. По узким проходам туда-сюда снуют гонцы в белых халатах. Не санитары, не медсёстры и не врачи. Посыльные, мастера проникать всюду. Наблюдателю никак не удавалось сопоставить верхние, образцово-показательные этажи с минусовым, и он заглянул в ближайшую к лифтам палату. Оп-пань-ки, вот и Ловкач определился – Абдулла в своём спелом тюрбане. Выглядит респектабельно, как и раньше. Интерьер с шикарным размахом. Из-под потолка до пола портрет шейха Ясина в полный рост. Всматривается старейшина в щепетильность офиса.

Обнадёживающее начало. Здесь легко разместить шесть-семь коек. Сейчас вместо них стол, лидерский стул на колёсах и привычные канцелярские нужности. Со стен тоскливо торчат останки кислородных систем – шланги, ещё шланги и чудом сохранившийся звонок для вызова медперсонала. «Наверное, переделка кабинета в палату» - подумалось Наблюдателю и он бесшумно прикрыл дверь. Попробовал протиснуться между койками в коридоре. Всюду взывали о милосердии пациенты. Наблюдатель двинулся вдоль прохода, приоткрывая двери и заглядывая внутрь. Офисы, офисы, офисы! И нет палат! В коридорах страдальцы на койках. Последнее помещение. Единственная кровать у окна. Измученная пациентка. Мониторы, шланги, провода. И неуверенная, срывающаяся в линию динамика сердца.

Наблюдатель хотел уйти, чтобы не потревожить. Отворил было дверь, но в палату вбежали медсестры из бункера. Взглянули на монитор. Заголосили. Замахали руками навстречу человечку в тюрбане. Ну и ну! Ловкач Абдулла примчался. Молитвенно сложил руки и запричитал:

- Прошу... Прошу вас, сестрицы... Увезите её и ступайте... Быстрее... Ну же... Хозяин близко...

Женщины не впечатлились. Застыли, как каменные. Абдулла метнулся к кровати, но они не позволили. Абдулла грязно выругался. Наблюдатель повертел головой. Никого. Сомнительно, чтобы он повторил эти слова в присутствии свидетелей. Зачем оскорблять женщин? Родичи спустили бы сварливца из окна на его собственных кишках.

- Уйди! Нельзя! Это Бадия, наша сотрудница! Не трогай, она умрёт! – вопили медсёстры.

Абдулла плюнул им под ноги. Понял, что самому не справиться, и выскочил в коридор. Позвал. Еа помощь примчались крепыши. Они разговаривать не стали. Женщин подхватили и вынесли из палаты. Абдулла с остервенением схватился за койку. Подёргал. Кровать не поддавалась. Проверил тормоза – опущены. Поднял, снова потянул. Обиженно и нетерпеливо затопал ножкой. Крепыши появились снова. Поднатужившись, сорвали с места каталку. Тихо, почти беззвучно разошлись жилы, державшие пациентку на стороне бытия. Бедняжка не шелохнулась. Со стены свисли обрывки шлангов. Обиженно вздохнул кислородный баллон. Пики, означавшие жизнь, сменились горизонталью смерти. Отмучилась Бадия.

В палату уже тащили канцелярские атрибуты. Стол красного дерева, кресла, компьютеры, телефонию. Все суетились, подключая оборудование. Ловкий Абдулла, специалист в интенсивной работе, проверил исправность, вытер со лба пот. Вздохнул облегчённо. Успел! Послышались быстрые шаги и палату уверенно, словно победитель за наградой, вошёл босс Абдуллы! Сам предводитель ХАМАСа Исмаил Хания! Сел в кресло. Поцокал клавиатурой. Взглянул на часы. И сразу на светящийся монитор. Щёлкнул пальцами. Абдулла оказался рядом:

- Я здесь, дорогой босс!!!

- Вижу...Ты верен слову, мой Абдулла... Учту... Было бы неплохо протереть экран, - заметил шеф, глядя в сторону.

Экран увлажнили спиртовой салфеткой.

- Что-нибудь ещё? – благоговейно прошептал Абдулла.

Босс сделал терпеливый жест ладонью.

- Ты помнишь, Абдулла, что сказано в восьмой главе устава ХАМАС? Вот, послушай: «Аллах – наша цель, Пророк – образец, Коран – конституция, джихад есть путь и смерть во имя Аллаха, есть величественнейшее из желаний». Запомнил? - и, откинувшись в кресле, приказал в микрофон, - Аллах акбар! Аллах велик! Ну, поехали!

Наблюдатель молча стоял за его спиной. Верховный вождь ХАМАСа смотрел в монитор. Картинка дробилась на квадраты с видами Газы. В эту секунду город мгновенно превратился в гигантского дикобраза, сбрасывавшего оперение. Выпускал сотню за сотней стрелы «Божьего гнева».

Отмщение не заставило себя ждать. Сказочный город Газа покрылся облачками ответных взрывов. Точных и точечных. Рвались хранилища боеприпасов, мастерские по изготовлению оружия, переносные ракетные лафеты.

По школам и детским садам евреи не стреляли. По больницам тоже. Ведь это больницы. В том числе госпиталь Шифа. Здесь лечились страждущие пациенты Газы. Непрерывно, даже прн обстрелах.

Наблюдатель сгорбился и медленно побрёл к лифту.
*** По дороге к Небоскрёбу
Наблюдая, старец запоминал наблюдаемое до мельчайших подробностей. Порой даже то, что скрывалось в потаённых кладовых прошлого. Путешествуя по Газе, он всякий раз замечал высотное, в двенадцать этажей здание. Этот Небоскрёб был облагодетельствован судьбой, достойной эпохального романа. Проектировал его известный израильский архитектор, получивший за детище многочисленные международные премии. Многоэтажное совершенство изначально имело вполне благовидную цель. Быть домашним очагом для состоятельных

жителей Газы. Но волею судьбы и председателя Ясера Арафата дом стал пристанищем высших офицеров террористической организации ФАТХ. Праздник жизни для новосёлов продлился недолго. После военного переворота к власти пришли боевики конкурирующей организации ХАМАС. Жильцов дома, чтобы избежать хлопот, просто-напросто выбрасывали из окон родного дома. В освободившиеся квартиры, благодаря неотвратимости естественного отбора заселилась командная элита ХАМАС. Именно отсюда, с крыши этого Небоскрёба Наблюдатель решил наблюдать сегодня.

Замечательный воздух витал здесь! Свободный от утробного духа городских нечистот, приправленного прогорклым амбре гниющих водорослей. Под ногами, как никак, двенадцать этажей. Промышленность в городе, за исключением кустарных оружейных ателье, отсутствовала напрочь. Так что дышалось вольготно, и открывались заграничные дали. Люди, хотя и поговаривали, что города обладают индивидуальностью, зачастую не понимали собственных сентенций. Внизу существование человека ограничивалось кривыми улочками и стенами домов. С окнами друг на друга. Но Наблюдатель в совершенстве знал, как смотреть правильней. Предпочтительней сверху. Можно всю жизнь прожить, пытаясь выбраться из сплетения улиц и по сути ничего не увидеть. Ведь даже, если путешествовать в кровеносных сосудах, исследуя внутренние органы человека, никому, кроме Создателя, не откроется, как устроен организм в целом.

Разве плохо живётся людям в Газе? Наоборот, хорошо. Богатые западные страны оплачивают питание, медицинское обслуживание, образование, жильё. Мусульманские государства помогают оружием. Свободная от мороки зарабатывать на жизнь молодежь имеет массу свободного времени. И выбирает, кому что по душе. Любое занятие для дополнительного заработка почётно. Одни роют туннели для контрабанды оружия. Другие промышляют изготовлением Кассамов, ракет из водопроводных труб. Третьи – обстреливают снарядами Израиль. И всё для чего? Чтобы привлечь в Газу побольше пожертвований из разных стран.

Жизнь на улицах кипит до наступления темноты. Величава Газа сверху. Великая Большая Мечеть среди лабиринтов улиц. Многоликость строений. И вообще, всё остальное... Но по мнению молодого поколения, очарование пропадает, если вглядеться на юго-восток. В каком-то километре виднеется израильский городишко Сдерот, на улицах которого в армейский бинокль едва ли заметишь живую душу. Коты и собаки встречаются, а людей не видно. Говорят, что там выросло поколение горожан, не умеющих ездить на велосипеде. Дескать, трусливый народ, эти евреи. Подумаешь, метнули туда пару десятков ракет. И что? В ответ евреи тоже стреляют, но жителям Газы хоть бы что. Глупые израильтяне заранее предупреждают о том или ином обстреле. Не тупые ли! Люди успевают спрятаться, не забывая о высокой репродуктивности арабских женщин! Сколько хочешь, столько и нарожают. Молодёжь Газы уверена, что в Израиле одни трусы. Смешно. Стоит ли жить, как крысы. Мало того, что в бомбоубежищах прячутся, ещё и разделительный забор поставили. Выгнать их оттуда и самим поселиться!

Заборы Наблюдатель не любил. Они его раздражали. Вызывали у тех, кто строил чувство ложного превосходства. У тех, от кого строили – возбуждали желание разрушить. К тому же заборы мешали наблюдать. Наблюдатель устроился в крайней северной точке анклава, на крыше пресловутого Небоскрёба. Динамика извечного противоборства бывала курам на смех. То годами затишье, сотня-другая ракет из Газы в Израиль, и ответный огонь оттуда с непременным уведомлением. Не проще ли на кулачках! Как в прежние времена! Вышли бы мужики с обеих сторон, набили друг другу морды, и замирились бы. Так нет, международный конфликт подавай!

Вот и сейчас! Из-за предпринятых Газой ракетных дуэлей, нейтральный участок земли, шириной в полкилометра, ожил. Много лет тому, задолго до стрельбищ, эта земля считалась буферной зоной. Арабам, обозначенным в СМИ «палестинцами», ходу сюда не было. Израильские солдаты имели приказ стрелять в любого, кто пытался преодолеть полосу отчуждения. Теперь, в ходе какого-то странного соглашения, арабским крестьянам позволили эту землю распахивать под посевы. Странные люди. Следует ли так бездарно эксплуатировать чувство неожиданного приобретения? И тут же огорчать недоступностью подарка?

Наблюдателя никогда не подводили глаза. Зрение с годами и столетиями оставалось прежним. Как у зоркого молодого орла. Вот и теперь он с удовольствием принялся разглядывать окрестности.

*** Прыщ Мустафы

Взгляд Наблюдателя скользнул вниз. Рядом с домом, в кустах вереска, неизвестно кем посаженного земляничного дерева, лежал закамуфлированный под кучку мусора юноша. Всего-то лет семнадцати. То, что сперва Наблюдатель принял за ветошь, оказалось выцветшим армейским обмундированием. Парень держал в руках театральный бинокль, фактурой под слоновую кость, и подробно рассматривал пограничный забор. «Неужто террорист? – подумалось Наблюдателю. – Не хотелось бы». Старик неторопливо спустился вниз. Подобрался поближе и незаметно пригляделся к парню. Отлегло. Совсем мальчик. Глаза, чуть оторопелые, но с задиристой восточной поволокой. На лице мечтательное выражение. «Какой изумительный красавчик. - пронеслось в голове Наблюдателя. - Вылитый Тонни Квэттэн в юности. О разбитые женские сердца! По всему видно, хочет возделать бахчу, но опасается пули с израильской стороны. Обещали не стрелять, сдержат ли слово!» Глаз у Наблюдателя опытный. С таким романтичным выражением лица, как у этого несмышлёныша, ни пахать ни сеять. Видимо, тут любовная интрижка! Стыдитесь, Монтекки с Капулетти, ваш роман – постная ботвинья по сравнению с жаркой ближневосточной страстью. Влюблённый парнишка угодил в самую завязь национального конфликта! Это вам не макаронную публику в Вероне мирить!

Между тем юноша, будто подслушав мысли Наблюдателя, поторопился в город. В ускоренном ритме арабески. Отложил свидание? Было бы жаль. Наблюдатель любил романтиков. Они достойны наблюдения. Не желая поверить в банкротство влюблённого, старик поспешил вслед. Такой же бойкой рысцой. Тот, кто поручил ему наблюдать, легко справился бы с этим, но сейчас Он, не исключено, занят отсроченными проблемами. Наблюдатель знал об этом и поэтому наблюдал, не опасаясь понуканий. Понимая, что звучное имя Ромео исказит градус реалий, Наблюдатель решил называть парня его природным именем. Малец Мустафа звучало очень надёжно.

Вскоре юноша юркнул в подъезд высотного четырёхэтажного дома. Отмахнулся от матери, сунувшей остаток лепёшки. Наделил попавшихся братьев и сестёр короткими затрещинами и, поцеловав руку отца в инвалидной коляске, закрылся в своей комнатке. Кажется, любовные скитания лишили его покоя. Он метался в четырёх стенах, то ли рыча, то ли поскуливая. Но когда раздался звонок, Мустафа ринулся к телефону. Прижал трубку к уху. Часто задышал и принялся раздеваться. Наблюдатель сразу же понял, какую сцену предстоит пережить. Возлюбленные, разделённые взаимной ненавистью двух народов, займутся дистанционной любовью с помощью сотовой связи. После того, как на заре прошлого века он в течение суток наблюдал бестелесную любовь двух монголов, державших боевые позиции на соседних сопках, уже ничто не могло его смутить. Но нет, кажется, здесь новое приключение. Мустафа бросил трубку. Обнажённый, он принялся рыть хлам в коробках, выставленных у стены. Так барахольщик на рынке раскладывает свои товары. Парень наконец-то отыскал искомое. Им оказался флакончик пены для бритья фирмы «Жилет». Мустафа взболтал его и принялся остервенело покрывать себя белой, как снег, пеной. Затем извлёк из той же картонной коробки складной охотничий нож с безупречно наточенным лезвием. Проверив качество на волоске, начал брить ноги.

«Каков шалунишка! - подумал Наблюдатель, - никогда не замечал за арабами смекалки в любовных играх. Но этот Гаврош всем хорош». Покончив с ногами, Мустафа обрил пах, живот, грудь, руки подмышки и лишь затем подошёл к зеркалу. Вытаращил глаза, словно угадал в своём отражении ненавистного Израильского министра Либермана. Завопил, что есть мочи. В доме случился переполох. Отец едва не выпал из коляски. Мама чуть не подавилась лепёшкой, которую безуспешно пыталась размочить в воде. Младшая пара близнецов растолкла свои фекалии в собачьей миске и вывалила на коврик досушить.

Причиной дикого вопля оказался сизый прыщ, воцарившийся на кончике носа. С Мустафой случилась истерика. Наблюдатель нутром чувствовал её истинную причину. Как теперь быть? Кому захочется прийти к любимой с вульгарным чирьяком на таком знаковом месте, как нос! Но не топиться же в Средиземном море из-за неприятности! Мустафа метнулся к платяному шкафу. Стащил на пол одежду. Освободил полки, где хранились мелкие вещи – трусы и носки. Комната наполнилась пастеризованным ароматом нестиранного белья. Парень бессильно опустился на пол и залился слезами. Прошло несколько минут. Слёзы высохли. Мустафе удалось взять себя в руки. Он принялся одеваться. Нарядившись, стремглав выскочил из дома. Наблюдатель не отставал, уж очень заманчивым показалось развитие событий. Вот и цель – небольшая аптека. Мустафа шмыгнул внутрь и без разговоров показал пальцем на нос.

Аптекарь, рыжий Джамал, очень похожий на бежавшего от правосудия конокрада, критически осмотрел прыщ. Сокрушенно покачал головой. Поцокал о зубы языком. Парень потерялся, сник. Только тогда аптекарь сжалился, порылся под прилавком и выудил контрабанду. Залежалый товар, но в превосходном смысле, безупречный антиквариат. Стеклянный бутылёк, посреди этикетки которого красовалась замысловатая выцветшая надпись на русском языке - «Тройной одеколон». Пользуя термин «тройной», производитель, видимо, подразумевал тройную функциональность продукта – очищает, обеззараживает и ароматизирует. Фармацевт удвоил число достоинств средства, имея в виду силу воздействия на объект вождения: привлекает, интригует, обессиливает. Поскольку Мустафу очень интересовала гарантированная изготовителем функция, он без колебаний расстался с полновесным иорданским динаром. Домой продвигался уже не жалкой трусцой, а победной рысью чистокровного скакуна. Наблюдатель невольно залюбовался грациозными движениями. Мустафа, словно заметив посторонний взгляд, перешёл на галоп. Явление в дом оказалось идентичным прежнему, но с незначительным отклонением. Оплеухи на сей раз достались всем, кроме младшей сестрёнки, успевшей спрятаться под материнской кроватью.

Прыщ вскрылся со смачным чавканьем, изгадив зеркало выбросом жёлтого, скверно пахнущего материала. Мустафа зашипел, словно чёрная мамба перед атакой, и воздух наполнился ароматом «Тройного». Дальнейшее показалось Наблюдателю более непостижимым.

Темнело по-настоящему бойко. Без никчемных теней. Сказывалось отсутствие уличного освещения. Мустафа с трудом, пыхтя и чертыхаясь, выудил из-под кровати внушительный ящик из надёжного пластика с предупреждением на фламандском: «Гуманитарный груз. Медицинское оборудование». В ящике оказался рулон серебристой ткани. Наблюдатель присмотрелся и вспомнил. Точно такую он встречал в западных пределах. Там в неё заворачивали обмороженных или обожжённых людей. Почти трупы. Такая ткань прекрасно предохраняла повреждённую кожу от инфекции до прибытия в больницу. Тотальная эпиляция тела, произведённая Мустафой, на ожёг никак не тянула. Но пути Господа неисповедимы. Как и мысли Его разумных созданий. Парень оказался ловким портным, вовсе не феллахом, как поначалу предположил Наблюдатель. Вмиг раскроив ткань, он крупными стежками превратил её в подобие накидки с капюшоном, полностью скрывавшей тело. Облачившись в накидку поверх стрингов и более не мешкая, Мустафа подался в ночь.

Разбираемый любопытством Наблюдатель не отставал. Гуманоид в серебристом балахоне спешил покинуть город. Миновав Небоскрёб, откуда началось наблюдение, он припал к земле. Пополз. Пеленги инфракрасных маяков на разделительной стене, Наблюдателя по роду его деятельности не замечали. Но они заодно не реагировали на большого серебряного таракана, ползущего по нейтральной зоне. Серебристая ткань, из которой была сконструирована одежда Мустафы, оказалась равнодушной к воздействию инфракрасного излучения. Вскоре пластун добрался до стены. Мышью юркнул в прикрытое травой углубление. Через миг он оказался на территории врага, рожавшей Израилю обильно и в одинаковой пропорции железноруких бойцов и золотоволосых дев. Ради которых стоило рисковать жизнью. Далее Мустафа двигался споро, стараясь держаться тёмной стороны мира. Миновал одно поселение, другое, третье. В конце концов углубился в тылы неприятеля километров на пять. Наблюдателю – что, он лишь наблюдает, а вот перебежчику, если изловят, придётся туго. Иди, объясни потом, что ты не террорист, а честный ценитель женских достоинств. Пока что везло. Ни звука! Мустафа остановился у забора следующего поселения – ограды в Израиле есть у каждого населённого пункта. По-собачьи потянул носом. В воздухе пахло чужими коровами и своим «Тройным одеколоном».

Зазнобушка жила во втором от забора доме. В первом Мустафа долго смотрел в окна, пока не понял, что обознался. Во втором лишь заглянув в окно, тут же уверенно заторопился к двери. Наблюдатель, немного смущаясь, устремился за ним. Наконец-то встретятся влюблённые. Не чающие души друг во друге, несмотря на вражду своих народов. Двери открылись сразу в гостиную. Неуютно. Ни коридорчика, ни закутка. Блондинка с распирающей халат грудью удобно расположилась на диване, обтянутом свиной кожей. И это в Израиле?! По телевизору шли старые новости. «Вот он, момент истины!» - выспренно подумалось Мустафе. Так показалось. Потому что действительность повернулась круче. Кроме расстояний, границ и противостояния, влюблённую пару разделял возрастной барьер. На взгляд, лет в двадцать. Но и это было не всё. Рука женщины поглаживала белокурую головку карапуза, спавшего на её коленях. На звук двери израильская Джульетта повернулась. Но вместо счастливой улыбки, лицо её исказила гримаса недоумения, но затем и ужаса. Ещё бы, серебристый плащ делал Мустафу похожим на внеземное, страшное и даже потустороннее существо! Наблюдатель обернулся. Он ожидал, что парень сбросит накидку, оставшись в стрингах. Но тот нервно сжимал в руке нож, которым недавно обрил тело.

- Аллах акбар! – взвопил Мустафа и бросился на «возлюбленную». – Смерть сионистам!

Еврейка издала оглушительный крик, вскочила, подхватив ребёнка на руки. Наблюдатель снова ошибся. Вера! Надежда! Любовь! Всё это было давно, когда людской род состоял из двух людей – Адама и Евы. А здесь, на этой земле, плодились подлость, слёзы, кровопролитие и смерть.

Женщина бросилась к закрытой двери, в одну из комнат. Мустафа настиг её в два гладиаторских прыжка, полоснул лезвием по шее. Попал в плечо. Размахнулся, резанул снова. И в спешке снова промазал. Женщина не сопротивлялась. Руки её были заняты сыном. С трудом перехватив бутуза одной рукой, второй она распахнула дверь и мощным броском зашвырнула малыша внутрь. Захлопнула дверь. Прокрутила ключ, выдернула его из скважины и отшвырнула в сторону. Лишь потом повернулась к нападавшему. Спина её представляла собой кровавую пашню, но глаза не предвещали ничего хорошего. Женщина, на диво, не сломалась. Конечно, она защищала своё дитя. Мустафа взглянул в налившиеся кровью глаза и попятился. По его разумению одинокая еврейская самка должна была, потеряв волю, корчиться в предсмертных судорогах и в луже крови. Во всяком случае, именно так научал его имам Джафар, обещавший Рай и семьдесят две девственницы за смерть еврея. «Ножом по горлу и ты в Раю». Обманул Джафар, это только на словах всё быстро и просто.

Секундного замешательства хватило раненной, чтобы дотянуться до торшера на тяжёлой мраморной подставке и опустить его на бритую голову Мустафы. Тот охнул от боли и неожиданности. Наблюдатель же пребывал в полной прострации. Женщина издала вопль, которому позавидовали бы воинственные индейцы сельвы, и швырнула в парня массивным стулом. Мустафа и думать забыл о нападении, но попытался прикрыть лицо. В него летело подряд всё – табуреты, полки, кухонная утварь, даже чугунные гантели мужа. Женщина не переставала визжать, нанося всё новые и новые удары. Из грозного, как он сам себя видел, террориста, Мустафа превратился в крысёнка, по неосторожности попавшегося на коготь изголодавшейся кошке.

Наблюдатель увидел в окно, как старушка из соседнего дома звонит по телефону. В ту же минуту посёлок огласился пронзительными звуками сирены. Ошеломлённый, избитый, окровавленный Мустафа, пытаясь спастись от разъярённой фурии, юркнул в первую попавшуюся щель. Закрыл изнутри щеколду. В ужасе огляделся. Карцер, уборная – полтора на два метра. Мышеловка! Не прекращая оглушительно кричать, женщина подперла дверь снаружи. Визжала сирена. Истошно орала женщина. Бегала в соседском дворе старуха, призывая помощь. Мустафа обмочился от нестерпимой жути. Сел на корточки, охватил колени руками, сжался в комок и поднял голову вверх к Аллаху, так несвоевременно оставившему его. Нет! Нет! Аллах не бросит! Аллах велик! Незаметное оконце просматривалось под потолком. Мустафа взвился кверху, ступил в унитаз и, подвернув ногу, свалился на кафель. Ступня застряла в унитазе. Снова рванулся к спасительному отверстию. Подтянулся на пальцах, обламывая ногти. Зарычал горлом и, обдирая бока, протиснулся наружу. Кулем вывалился на бетонное покрытие. Рванул с места, поскакал, хромая на обе ноги.

Люди! Что вы творите? За что? Наблюдатель неотступно следовал за потерпевшим. В последнее время призванный наблюдать, он испытывал неприязнь к наблюдению. По-видимому, неправильно выбрал регион. Хотелось верить, что где-нибудь в горах Люксембурга, подобных сцен наблюдать не придется. Думалось: «Закончу лицезреть этот бедлам, и попрошусь на отдых. Но сейчас нужно досмотреть.

Донаблюдать. Нельзя уходить досрочно. Наверху могут огорчиться».

Окровавленный, искалеченный, вконец запутавшийся террорист Мустафа бежал по полю, засеянному брюквой. Его нагоняли два здоровенных «Land cruiser». Поливали светом прожекторов. В каждом по пять звероподобных мужей из местной самообороны, вооружённых карабинами. Заодно десятки полицейских автомобилей перекрывали дороги и перекрёстки. В воздухе свирепо тарахтел армейский вертолёт с группой захвата на борту. Бедного семнадцатилетнего юношу травили так, как не травили матёрого волка, порезавшего отару. Внедорожники неумолимо приближались, пропуская беглеца меж собой. Точный удар приклада бросил беднягу наземь. Джипы остановились метрах в двадцати. Озверевшие, почуявшие кровь охотники выскочили из них и рассредоточились дугой. Старший принялся орать что-то на иврите, языке, который Мустафа не только понимал с трудом, но и ненавидел. Слова с болью доходили до его сознания. Приказали лежать. Руки и ноги в стороны. Велели не двигаться. Мустафа и не пытался, но ему было паршиво. Очень плохо и неуютно. Нестерпимо чесалось ушибленное табуретом подреберье. Кровоточащие ссадины разъедало едким от страха потом. Серебристая ткань не пропускала ни инфракрасное излучение, ни обыкновенный воздух. И Мустафа не выдержал телесных мук. Резким движением запустив под накидку руки, принялся яростно расчёсывать грудь и ниже. Сразу полегчало. Вернее умирающему мозгу показалось блаженством, что чесотка исчезла. В ту же секунду, когда парень шевельнул рукой, раздался залп карабинов. Тело Мустафы расплескалось по брюквенным початкам. Еврейские охранники научены никогда не оставлять шанса. Для них любой арабский апологет террора, мирно пытающийся запустить руку в карман, однозначно проявляет желание надавить на кнопку, приводящую в действие пояс шахида.

«Нет, всё, с меня хватит», раздражённо думал Наблюдатель, возвращаясь в Газу. – Следующий сеанс непременно проведу в Люксембурге, где крестьяне, вместо того, чтобы убивать соседей французов, публикуют в газетах некрологи по своим почившим от старости бурёнкам...»

В доме безвременно и без суда застреленного Мустафы, бородатый имам Джафар отсчитывал отцу в инвалидную коляску тысячу динар за геройски погибшего кормильца. Отец, как ни крепился, всё же заплакал. Он не подозревал, что сын, умирая, был счастлив. Мустафа уходил в Рай очищенным, без волос и гнойных прыщей, осквернявших тело и душу, зато в стрингах и грозным шахидом. Там его ждали семьдесят две неразлучные гурии. Отчаянно терпеливые девственницы.

Имам Джафар испросил у отца разрешения зайти в комнату Мустафы, чтобы почтить душу героя. Зашёл, осмотрелся. Ощутимо несло одеколоном. Запах издавал неплотно закрытый флакон. Имам поднял бутылёк, внимательно осмотрел наклейку, понюхал, закрутил и положил в карман.

*** По дороге в Рафу

Это должно было случиться. Наблюдателю разонравилась Газа. Разонравились и люди, населявшие её. Воистину, в последнее время нескучный, но обременительный процесс наблюдения всё чаще приводил к однозначному выводу: «Если арабы сложат оружие, настанет мир. Стоит евреям сложить оружие, они исчезнут».

Наблюдатель не любил однозначных выводов и поэтому решил задержаться в прихотливом секторе ещё немного. Чтобы понаблюдать напоследок. Вдруг вывод, опрокидывающий все предыдущие – ошибочен. Жизнь несправедлива, но все же простительно хороша. Даже если присмотреться к ней не на земле, а в её недрах. Там она бурлила не хуже, чем в столице игорного бизнеса Лас Вегасе. Идея показалась Наблюдателю разумной, и он немедля приступил к её исполнению.

Наблюдатель знал, что контрабандисты взялись рыть тоннели на чужие территории как только к власти в Газе пришло Исламское движение сопротивления ХАМАС. С тех пор Израиль, получив одобрение Египта, ввёл блокаду сектора. Все строительные материалы поставлялись контрабандой, и опасения, что исламисты смогут использовать их для военной инфраструктуры, оказались прозорливыми. Что касалось еды и потребительских товаров, то ввоз в Газу осуществлялся легально через Израиль. Однако, если продукция доставлялась скрытно из Египта, то барыши торговцев становились намного больше, а розничная цена товара гораздо ниже.

Строительство подземного хода обходилось Сектору в несколько сот тысяч долларов. Зато, окупившись лишь через полгода, приносило огромную прибыль. Доход с тоннеля мог достигать нескольких тысяч долларов в день, за год более миллиона. Владельцы подземных анфилад стали богатыми людьми. Одного не мог понять Наблюдатель, почему ХАМАС инвестирует именно в «подземную Газу». Не в ту, что снаружи. Исламисты потратили на строительство тоннелей миллиарды долларов. На эти деньги в секторе можно было воздвигнуть кучу больниц, школ, жилых и офисных зданий и, в довершение, невесть сколько промышленных и торговых центров.

Ответ оказался прост. Строительство тоннелей исламисты преподносили как заботу о населении, и люди в это верили. Пусть трудная и опасная, но это была реальная работа. За несколько лет использование тоннелей превратилось в отрасль. В ней были заняты тысячи «палестинцев». Дети с четырнадцати лет начинали «копать» или шли курьерами, получая свои двадцать долларов в день. По местным меркам весомые деньги. Неудивительно, что число желавших примкнуть к контрабандистам росло, хотя под землей гибли десятки несчастных.

ХАМАС не позволял своим бойцам расслабляться и, чтобы дисциплина и моральная стойкость мужчин не пострадали от бездействия, их отправляли под землю развивать инфраструктуру войны. Тоннели – незаменимый инструмент при похищении израильтян. Живых или мёртвых – для последующего обмена. И попробуй с этим не согласись!

При всех правительствах Египта ХАМАСу существовать было вольготно, в особенности, когда власть досталась партии «Братья-мусульмане». Для прокладки тоннелей в Израиль использовались не только простейшие механизмы, но и современное оборудование. И в зависимости от целей атакующих подразделений строились подземные укрытия с кондиционерами, бункерами и разветвлённой сетью подземных переходов.

За годы пребывания ХАМАСа у власти разрослась сеть лабиринтов под землями «Палестинской» Автономии, Египта и Израиля. Если раньше по тоннелям контрабандисты поставляли продукты и хозяйственные товары, то вскоре стали переправлять оружие. Раньше боевики прикрывали входы в тоннели парниками, но постепенно перенесли в больницы, мечети, детские сады, школы и жилые дома. Центральный командный пункт ХАМАСа находится под госпиталем Шифа, и без мощной бункерной бомбы его не вскрыть. Но кто решится бомбить больницу!

Отказаться от развития подземной инфраструктуры ХАМАС не планировал. Это означало бы отказаться от философии терроризма, прикрытой термином «освободительная борьба». И одновременно лишиться многомиллиардных пожертвований западных стран народу «Палестины», оккупированной Израилем. На это руководящее ядро ХАМАСа пойти не решалось, ведь львиную долю пожертвований оставляло себе.

Подумав, Наблюдатель решил отправиться в Рафу, лагерь беженцев на границе с Египтом. Пока он шёл, утренняя серость на глазах блекла. Взамен оживала цветная палитра.

Недалеко от пограничного знака и колоритно, как неприступная крепость, смотрелась одинокая лачуга из шлакобетона. Именно с неё Наблюдатель решил начать новое наблюдение.

*** Туннельная война Халиля

Тринадцатилетний паренёк Халиль, бесповоротно проснувшись, с благоговением следил за приготовлениями старшего брата Махрума. Меланхолия ночной тьмы без фонарей и огней рекламы быстро отступала под предрассветным натиском наступающего дня. Давеча хижина, в которой семья проживала четвёртый год, едва не лишилась асбестовой крыши – часть её снесло взрывной волной от израильской ракеты. Поэтому Халиль мог наблюдать за сменой дня и ночи, не покидая постели.

Стараясь не разбудить младших, Махрум налил чашку чая, закурил сигарету и принялся рыться в ворохе разномастных облаток. Сильно болела спина от частого ползания на четвереньках с большим грузом. В темноте никак не удавалось найти нужное лекарство, а электричество дадут только после обеда. Надо полагать. В его работе самое главное снаряжение, надёжный источник света. «Циклоп» – фонарь, прикрепляемый на голову, ни в коем случае нельзя включать до спуска. Чтобы не разрядился в неподходящее время. Халиль хорошо познал это на своей шкуре. Перебои с электричеством в Газе непредсказуемы. Отправляться под землю, не подзарядив батарею светильника – безумие.

Брат считался «элитой» рабочего класса Рафы. Сгорбленный и худой, он казался старше своих лет. Как-никак, копатель. Один из тех избранных, кто роет туннели на границе Газы с Египтом. Вернее, копал в течение четырёх лет, копя деньги и мечтая выкупить у владельца коридора право на доставку запрещённой в секторе продукции «Макдоналдс». Горит она в адском пламени! Зато сегодня Махрум – уважаемый человек и успешный бизнесмен. Под его патронажем трудятся трое расторопных подростков.

Жителям Рафы и окрестных деревень достаточно выбрать блюдо из меню ресторана в египетском городке Аль-Ариш и сделать Махруму заказ по телефону. Деловой партнер в Египте привезёт пакет с заказом ко выходу из тоннеля. Оттуда его подхватит «служба доставки». Кто-нибудь из трёх подопечных подростков. И поскорее передаст клиенту. Вся операция займёт час, от силы два. Халиль рассчитывал, что перейдя в следующий класс, тоже сможет работать на доставке контрабанды. Жаль, правда, Махрум против. Он всегда хотел, чтобы младший брат учился, закончил школу и поступил в университет, чтобы стать адвокатом. Делать Халилю нечего, что ли!

«Это уголовка, братишка, - увещевал пацана Махрум, корёжась от адских болей в спине, - ты никогда не видел, как кто-нибудь сам себе роет могилу? Тут – то же самое! Пока ты в туннеле, он в любой момент может обвалиться, и тебе конец! Думаешь жители нашей Рафы только тем и заняты, что заказывают у египтян булочки с поджаренным фаршем? Пойми! Основная работа – таскать тяжеленные грузы для ХАМАСа. Я проводил по двенадцать часов под землёй и в свои двадцать выгляжу хуже нашего больного отца!».

Ворочаясь от нетерпения, Халиль с трудом дождался, пока брат покинет хижину и, двигаясь бесшумно насколько мог, метнулся к его кровати. Не хочет Махрум брать на работу? Что ж, Халиль докажет всем, чего на деле стоит. Обливаясь потом, он ужом ввинтился под кровать и потянул на себя крышку люка, прикрывавшего схрон, где брат прятал деньги и оружие. На ощупь отыскал увесистый пакет, размотал промасленные тряпки и с замиранием сердца ощутил в ладони рукоятку Люгера. Стрелять из пистолета Халиль не умел. Зато не сомневался, что один лишь вид оружия приведёт в трепет трусливых израильских оккупантов. Мальчишке не давала покоя слава мужественных воинов ислама, прорывших несколько лет назад тоннель на территорию Израиля. Как-то им удалось зайти в глубокий тыл к израильским горе-воякам. В стычке двоих евреев убили, одного ранили и последнего взяли в плен. Бойцы Хамаса прославили силу «палестинского» духа и оружия, заставив освободить из тюрем тысячу боевых мусульман в обмен на одного израильского горе-солдата.

Математику не зря исключили из номинантного перечня Нобелевской премии, как науку абстрактную. Пустое, что среди лауреатов этой премии пятую часть составляют евреи. Считать они так и не научились! Одного приравняли к тысяче! Какие доводы принимались во внимание при обмене единственного израильтянина, порой даже мёртвого, на тысячу арабов, Наблюдатель не мог взять в толк. Хозяин тоннеля, где Махрум промышлял контрабандой съестного, как раз и был участником героического противостояния с евреями.

Вход в один из тоннелей находился в подвале школы, где учился Халиль. Подземный коридор сооружали почти год, и завтрашним вечером – Халиль подслушал разговор директора школы с боевиком – состоится праздничное открытие. Директор, умник Парвиз, как его называли люди, изначально возражал против постройки в школьном подвале входа в тоннель. Нынче он убеждал бойца ХАМАСа в абсолютной ненужности торжества.

Коридор глубиной тридцать метров и протяжённостью в три километра выходил прямо к киббуцу с пикантным названием «Плантация мира». На строительство ушли сотни тонн бетона, запитана электроэнергия, введена система связи, имелись запасы продовольствия на месяцы вперёд. Правда, общее освещение пока не подключили, и Халиль заранее озаботился резервным головным фонарём. Брат прятал его в том же заветном схроне.

Халиль натянул на плечи майку с тусклым принтом «Барселоны», сунул Люгер в ранец и, уязвлённый неожиданным провальным предчувствием, отправился в школу. Наблюдатель следовал неотступно. Тёмные мысли ребёнка, разбавляя остатки лета, осыпались трухой, оставляя за ним невидимый и досадно ощущаемый шлейф.

На занятиях Халиль сидел рассеянным. Отказался участвовать в репетиции постановки «Расстрел израильского майора», чем заслужил едкий прищур учителя и, с трудом дождавшись окончания уроков, спрятался в туалете, заперев дверцу кабинки. Когда школа опустела, Халиль, надев добытый из ранца тёмно-серый худи и укрыв голову капюшоном, спустился в подвал. Почувствовав прохладу, нацепил теплую куртку. Наверху лето, но на глубине в десятки метров столбик термометра приближался к нулю. Приладил ко лбу «циклоп». Вход в тоннель не охранялся, хотя все знали о его местонахождении. Страх перед наказанием работал эффективней, чем вооружённая охрана.

Наблюдателю подземные ходы ХАМАС по своей философии напомнили укрытия, в свое время возведённые во Вьетнамских джунглях бойцами народной армии. Уж там он насмотрелся на парадоксы человеческих взаимоотношений. Однако физически строительство в Газе отличалось от вьетнамского — тоннели укреплялись железобетоном, оснащались электричеством и оборудованием для откачки грунтовых вод.

Контрабандные тоннели в Египет, где промышлял Махрум, были шире тех, что вели на еврейские территории. Из Египта перебрасывали крупногабаритные грузы, а подземка в Израиль предназначалась для скрытного проникновения боевиков.

Лицо мальчика размыла недобрая усмешка. «В войну мы родились, войной мы живём, по воле Аллаха в войне мы умрём» - как мантру повторил Халиль любимую «причиталку» брата и шагнул в темень коридора. Полагающемуся на Аллаха, зазорно быть трусом. Встать с колен сложнее, чем пасть на колени.

Кому-то бетон мог показаться скучно-серым, но в глазах ребёнка отразились десятки невиданных оттенков. Яркие капли подземной росы представлялись самоцветами и как будто кололи глаза, но он продолжал идти вперёд, ускоряя шаг за шагом. Благородная цель придавала решимости. Каждый штрих приобретал свой гротескный образ, диковинно преломляясь в лучах «циклопа». Фантастические отсветы соединялись в узоры, но тотчас исчезали.

Он миновал промежуточный командный пункт и оружейный мини-склад, пару ракетных установок, приточенных к сводам, и в тесном тупике механический цех. Немного задержался у второго склада. Здесь можно было переодеться в форму израильских солдат. Поразмышлял, стоит ли, но справедливо подытожил, что в обмундировании тринадцатилетний пацан доверия у сионистов не вызовет. Лучше положиться на тёмную ночь и внезапность. На одной из полок заметил индивидуальные пакеты и пачку пластиковых стяжек. О содержании комплектов оставалось догадываться, но как использовали кабельные хомуты он слышал. Ими во время облав израильские солдаты стягивали руки замеченным в терроризме и арестованным «палестинцам».

Часов у Халиля не было, но по собственной прикидке он двигался уже около часа, когда неожиданно упёрся в тупик. Значит, здесь был выход наружу, и Халиль нащупал отмычку. Прочитал короткую молитву, прославившую Аллаха, переложил пистолет за пазуху и, сдвинув люк, выполз в «логово зверя».

Израильская ночь показалась настороженной, не слышалось даже стрёкота насекомых. Халиль огляделся. Прямо перед ним, словно рукой подать, светились окна киббуцных домов.

Стараясь двигаться бесшумно, он тут же наткнулся на высоченный забор, коронованный метровым гребнем из сетки Рабица. Словно в насмешку под забором мирно пощипывал травку рябой ослик. На миг скотина прервалась и потянулась слюнявыми губами навстречу. Халиль раздражённо шлёпнул ладонью по бесцеремонной морде и мужественно тронул киббуцную изгородь. Реакция оказалась мгновенной. Над юным лазутчиком вспыхнул свет, оглушительно взвыла сирена. И сразу послышались заполошные крики. Иногда, пока взвесишь обстоятельства, пролетит жизнь. Или отсрочится доля секунды. Халиль развернулся так проворно, что картинка на вражеском мониторе наружного наблюдения смазалась и пунктиром промелькнула в глазах Наблюдателя.

Ужас разбросал капканы. Халиль отчаянно ринулся обратно, к спасительной кишке тоннеля. С разбегу нырнул внутрь, заскользил, царапая спину осколками бетона, вскочил и помчался к дому. За спиной слышалось горячее дыхание преследователей и топот подкованных ботинок. Мальчишка старался из всех сил, но враги не отставали. И не стреляли. Хотели взять живьём. Страх придавал ему сил. Халиль мчался как обезьяна от ягуара. Покрытые трещинами стены превратились в бесконечную полосу. Ужас, как аэробус на взлёте, пробрал от паха до бровей. Не вписавшись в поворот, Халиль врезался в бетонный надолб. Потемнело в глазах. Померкло сознание. С пореза в глаза потекла кровь. Погас, грохнувшись на пол и вдребезги разбившись фонарь. Но тотчас среди тьмы и безнадёжности в душе Халиля внезапно вскипел воинственный зов, превративший юношу в воина. Способного выдержать любые испытания, и проявить недюжинную стойкость.

Погоня не отставала. И всё же ритмичный бег успокаивал. Не замедляя движения, Халиль вытащил пистолет и приготовился дорого продать жизнь. С одной стороны нельзя привести в дом врагов, с другой – самому с ними не справиться. Про себя решил, что как только выскочит из тоннеля, сразу же направит на преследователей ствол и завопит о помощи. Вскоре забрезжил свет школьного подвала. Халиль вышел на финишную прямую и рванулся из последних сил. Едва его ноги переступили порог, он развернулся и с отчаянным воплем, навёл оружие на врага. Но в ту же секунду едва не захлебнулся с досады! За ним не было вражеской погони! Его преследовал глупый израильский осёл, которого он огрел по морде у киббуцной стены. Видно, не хотел оставаться в одиночестве. Мохнатая вражеская месть боднула мальчишку в грудь и, вдруг развернувшись, потрусила обратно. Дурацкая выходка обидела юношу.

- Стой! – взревел Халиль и, бросившись вслед, словил узду. Долго, скрепя зубами, смотрел в глаза животного и затем едва слышно прохрипел:

- Тебе конец, грязный еврейский ишак.

Подумав, раскрыл ранец. Покопался, выудил набор цветных распылителей и приступил к работе. В пару минут шкуру осла украсила бело-голубая репродукция израильского флага. Скрипя зубами, парень потянул ослика за собой. Скотинка упиралась, не желая подниматься по ступеням, но юный мститель оставался неумолим. Он пинал животину, колотил Люгером по голове, колол перочинным ножом и люто дёргал за узду. Кровь жирно заплюхала вниз, и ослик покорился. Усмирил животный ужас перед неестественным для себя движением. Вверх по непролазному каскаду ступеней.

На улице пошло быстрее. Халиль почти бежал, беспощадно натягивая повод. Ослик, пытаясь избавиться от боли в разодранных губах, старался настигнуть мучителя. Бежать с ним вровень. Но что-то не получалось. Но лишь оттого, что Халиль старался делать наоборот. Натягивать уздечку, причиняя животному страдания. Утро уже вошло в силу. Солнце поднялось над Газой. Становилось людно. Халиль тащил горемычную скотину к центральной площади города. Ветер теребил на тротуарах мусор. Конфетные фантики, обмякшие пакеты, обрывки газет. Прохожие, завидев мальчишку с окровавленным осликом, останавливались. Наблюдатель был рядом и не переставал удивляться, почему в глазах встречных отсутствовала жалость, не прятался укор. Люди смотрели на бока скотины, разукрашенные под израильский флаг. Смотрели со злорадством. Слышались восхищённые возгласы. Некоторые, позабыв о насущных делах, двинулись вслед. Рядом возбуждённо крутились дети. Жадные на потеху, скорбные на голову. Подбегали к несчастному ослику, били куда попадя камнями, вонзали строительную арматуру. Ослик задышал горестно и трудно. Бело-голубые тона израильского флага на боках животного стали тёмно-красными. Рядом шли женщины в хиджабах, вели за руку малолетних, подталкивали коляски с младенцами. Бок о бок шагали бородатые бойцы ХАМАСа, ободряя юношу.

На центральной площади Халиль остановился, с изумлением огляделся, словно только сейчас заметил собравшийся народ. Отступать было поздно. От толпы веяло одобрением. Толпа жаждала развязки, подбадривая и к действию. В сумятице лиц он неожиданно вычленил суровую физиономию брата. Сгорбленный больше обычного, Махрум скорбно смотрел на него, осуждающе сдвинув брови. Но тут из толпы вышел высокий мужчина. Халиль сразу узнал его. Именно он обсуждал с директором школы Парвизом план по открытию тоннеля. Ни слова не говоря, поставил наземь канистру и сверху положил коробок спичек. Избегая смотреть брату в глаза, как инвалид не стал бы ступать на покалеченные ноги, Халиль отвинтил крышку. Вдохнул запах канистры. Несло, как на автозаправке. Медленно, словно омывая животное после трудового дня, Халиль облил ослика из канистры, достал спичку. Несчастное животное принюхивалось к жидкости. Икало и вздрагивало. Наверное, от предчувствия и боли.

Наконец, Халиль откинул капюшон худи на спину и огляделся. Чиркнул спичкой. Усмехнулся и небрежно швырнул пламя в ослика. Вскричала живая душа.

- Аллах акбар! - дикий рёв толпы накрыл муку.

Халиль молил Всевышнего об одном – чтобы люди не перестали прославлять Его Имя, пока презренный еврейский осёл не перестанет молить о пощаде.

Наблюдатель опустил голову и поплёлся неизвестно куда. Куда-нибудь подальше, но хотелось насовсем.

*** По дороге в Дженин

Сколько бы информации не впитывала природная суть Наблюдателя, оттиски воспринятого навсегда фиксировались в бесчисленных сотах его памяти. Люди подлые, мелочные и недальновидные во все времена перекраивали прошлое. Но всегда впустую. Рано или поздно Наблюдатель извлекал на свет истинную совокупность событий. Подлинную картину. Очерёдность, цветовые, вкусовые, моральные и многие прочие свойства истории.

Вдоволь насытившись реалиями Газы, Наблюдатель решил податься в арабский Дженин. Город на западном берегу реки Иордан. Но не подозревал, что это окажется тяжкой задачей. Не зря же евреи, чтобы обозначить проблему, назвали Дженин центром «палестинского» террора[1]. Наблюдатель вспомнил, что в седые времена римские легионеры застали здесь мирную деревню Гинае. Часто подвергнутую варварским набегам филистимлян. Пиратов, закрепившихся на средиземноморском прибережье. Римляне не раз обращали бродяг в бегство. Внешне филистимляне резко отличались от коренных жителей – евреев или самаритян. Светловолосые и голубоглазые, они скорее напоминали поморов из северной Европы. Говорили на языке, не схожем с еврейским, самаритянским или с наречием арабов-кочевников, изредка оседавших здесь. Израильскому царю Давиду удалось наголову разгромить филистимлян. Опрокинуть в море. Они бежали кто-куда. Исчезли навсегда, растворившись где-то среди лихолетий. Зато римляне, чтобы погасить дух свободы израильтян, переименовали Иудею в Палестину, а её обитателей – в палестинцев. Обозначение отчасти прижилось. И, хотя евреи его чурались, арабы восприняли приобретённый статус благосклонно. Так возник «палестинский» народ арабов.

Наблюдатель знал подлинную историю этой земли. Для евреев – во все времена Обетованной, обещанной Богом патриарху Аврааму и его потомкам. Для арабов – ставшую Обетованной лишь в последние годы, когда евреи превратили кусок выжженной солнцем пустыни в цветущий оазис. Именно

---

1. https://ru.wikipedia.org/
wiki/%D0%A2%D0%B5%D1%80%D1%80%D0%BE%D1%80%D0%B8%D0%B7%D0%
BC

поэтому Наблюдатель поспешил в Дженин - запомнить, что происходит в ближневосточной столице терроризма.

Перво-наперво ему предстояло преодолеть пограничные кордоны, строго охраняемые израильской армией. По убеждению арабов солдаты являли собой неоспоримый символ все-еврейского шовинизма. «Как так, - спрашивали они друг друга кротко, но чтобы слышало мировое сообщество, - к чему безнаказанно унижать обыском «палестинцев», их транспорт и вьючных животных? Разве это грех – трудами добывать пропитание себе и близким? Желает человек поработать в Израиле – что за беда? Не все же из них, в конце концов, террористы! Разве сложно отличить блажных от обычных трудяг? Взорванный когда-никогда автобус – не исключено, дело рук одержимых. Но вечером после двенадцати часов изнурительного труда, искупив этим жертвенность шахидов, в Газу или Дженин вернутся простые люди. Вот и всё! И нет здесь проблем!»

В еврейских городах и селениях Наблюдатель старался не наблюдать. Справедливости ради – чтобы не задерживаться. Здесь вполне привычно. И скучно. Совсем, как в меркантильной Европе. Но с мутагенной поправкой на лютое солнце и неутихающие противостояния и войны. Сколько их было! И во всех, как ни крути, поражение доставалось арабам. Даже когда Израилю одновременно противостояли армии всех вместе арабских государств. Попробуй не поверь после этого в Божий промысел.

Наблюдатель осмотрелся. Если двигаться напрямую – упрёшься в пустыню. Длинная дорога, километров в двести. Идти любым другим путём – снова вдоль нескончаемых кордонов и мимо оскорблённых обысками людей.

Зато какая первозданная красота! Именно в ней Наблюдатель опасался размякнуть и застрять здесь надолго. Водил же Моисей евреев сорок лет в пустыне прежде, чем ступить на землю Обетованную. Наблюдателю так нельзя. У него строгий распорядок. Добровольный. Не позволяющий расслабиться в своё удовольствие.

*** **Правильный ракурс**

Арабский Дженин как будто вдыхал собою жизнь в полотна Анжерского Апокалипсиса. Был их живым воплощением. Со своей наследственной ретроградной жизнестойкостью. Набегающей волнами от городского рынка. Подходы к которому были узки и так многолюдны, что Наблюдатель решил первым делом выбрать правильный ракурс. Наиболее подходящим снова показалось наблюдение сверху. Созерцание свысока имеет, конечно, свои минусы. Первым делом, невозможность уловить мимику людей. Зато какие обзор и масштабность! И Наблюдатель отправился на поиски. Остановившись у мечети, засомневался, но всё-таки не посчитал наблюдение с минарета кощунством.

Отсюда, сверху, открывалась сочная мозаика восточного базара. Диво, не поддающееся обобщениям. В Дженине рынок редко захватывал усеянную прилавками площадь целиком. Но в дни торговых бурь выходил из берегов куда придётся, враз поглощая чуть ли не полгорода. Казалось, сюда время от времени циклоном заносило центр всемирной торговли. В междурядье густо мельтешили туристы с шевелюрами нездешних оттенков – шатен, блонд, пепельных, или даже рыжих. Покупатели из многих стран рвались в Дженин вкусить концентрированной восточной экзотики. Которой не найдёшь больше нигде. Разве это могло ускользнуть от внимания

Наблюдателя! Его взгляд задержался на огненном, почти оранжевом, но начавшем лысеть черепе финна, затеявшего с продавцом горячую перепалку. Сначала ему никак не удавалось выбить уступку от несговорчивого Абу. Поди догадайся, хоть тресни, зачем европейцу понадобились финики! Дженинскому арабу они нужны ещё меньше. Продолжая торговаться, он прислушивался, осторожно поглядывая на вооружённых людей в армейской форме. Парни переговаривались на иврите. Почём знать, не привлечёт ли их внимание громкая перепалка! Поэтому стоимость лакомства, сравнимая с минаретом, облюбованным Наблюдателем для наблюдения, быстро падала. У восточных базаров своя специфика. Покупать товар по стартовой цене – явный признак невежества и дурного тона. Рискуешь незаслуженно обидеть продавца. Смертельно огорчить. Восточный торговец не может воспользоваться ротозейством покупателя на полную катушку. Надо это понимать и обстоятельно торговаться. Финн старался изо всех сил. Обязательная нагрузка в четыре пучка дикорастущей мяты по четыре евро за вязанку никак не умерили его желания приобрести восточную сладость. И он, наконец, заполучил кулёк с вожделенными финиками. Абу принял от финна хрустящую купюру в двадцать евро. Рыжий попытался накинуть монетку на чай, но Абу, оскорбившись, упрямо отказывался. Праведному мусульманину лишнее не впрок. Прокормить детишек, закупить новый товар... Таков закон порядочного Дженинского коммерсанта. «В остальном, - посоветовал он гостю, - следует полагаться на Аллаха. Да свершится воля Его! Видишь? Абу – честный лавочник, не какой-нибудь еврейский плут...» Последнюю фразу торговец вымолвил тихо, покосившись на солдат. Рыже-лысый финн почувствовал укор совести. Он привык к открытому общению. Но Абу отводил глаза и поглядывал в сторону. Отбив лакированным лбом солнечный зайчик, финн обнял за плечи приятеля. Свободного от обязательств эстонского тинэйджера. И оба, разминая во рту чуть заплесневелые, но не потерявшие вязкости финики, пустились дальше по своим делам. Израильский патруль снялся и двинулся за ними, разрезая толпу, как горячее лезвие брикет масла. Вокруг солдат сиял нимб отчуждения. Жители Дженина избегали даже нечаянно прикоснуться к неверным. Обходили загодя и поодаль. Попробуй догадайся, что нужно солдатам посреди рынка! Наблюдателю и раньше приходилось выслушивать доводы обеих сторон. Но кто истинно прав, он избегал судить. Арабы утверждали, что армейские патрули на самом деле бессердечное напоминание «палестинцам» об оккупации. Евреи убеждали, что вынуждены превентивно защищать население от террора. Заранее разыскивать «бомбы со взведённым взрывателем» – так называли отпетых шахидов, выбирающих лобное место для самоподрыва. Коран гласил, что каждого героя после смерти будет ждать на небесах сладкая награда – ласки семидесяти двух прекрасных девственниц. На бренной же земле властолюбивые бонзы «Палестинской автономии» выплатят осиротевшим семьям шахидов тысячи ненавистных, но вожделенных американских долларов. Наблюдатель знал – преувеличивают и те и другие. Правда – она всегда где-то посередине. Но каждый бьётся за свою правду. Только цель разная. Арабы сражаются за право умереть. Евреи – за право жить.

Рядом мелькали стайки миротворцев из ООН. Они бесцельно бродили туда, сюда. И обратно. Под голубыми касками оптимистично чернели физиономии. На их родине, в далёкой Африке, всё разворачивалось иначе. Но главное, они знали – при любых обстоятельствах их убивать не станут.

Базарная улица напомнила Наблюдателю Барселону. Пёстрая, как тамошняя Рамбле, многолюдная и опасная. Вроде, ничего явного, но постоянно кажется – ещё шаг и нарвёшься на неприятность. Хаотичное нагромождение лавчонок. По бокам тесные, как лисьи норы, магазинчики, где за умеренную плату можно сторговать всё, что заблагорассудится. От семян крапивы из средней полосы России, до натуральных драконьих яиц. Продавец, не краснея – природный румянец губила смуглость щёк – клялся, что дракончики скоро, вот-вот вылупятся. «Вот-вот» в устах пожилого араба приобретало зловещую подоплёку. Реальные кандидаты в покупатели получали на английском, немецком, русском или суоми подробную инструкцию о содержании архаических хищников. К примеру, сколько раз в день и как нужно молиться, чтобы скорлупа у яйца не треснула в багажном отделении самолёта.

Внезапно Наблюдатель почувствовал холод. Кто-то, стало быть, сознательно не помолился. Или замешкался. Или вовсе не успел. Одно из яиц оглушительно треснуло. Так раскатисто и звонко, что он едва удержался, чтобы не упасть с минарета. Инстинктивно вобрал голову в плечи. Повернулся всем телом наугад. Всмотрелся внимательно. Слава Создателю, все целы. И тут в который раз он убедился, что всё дело в выборе. В правильном ракурсе. Обстановка менялась на глазах. Из переулков на рыночную площадь просочилась когорта женщин. Одна к одной упитанных, словно нарочно подобранных в гарем «Мечта султана». Тащили за руки малых детишек. Трое вооружённых карабинами боевиков прятались на корточках за их спинами. Какие застенчивые конвоиры. Пригнулись так низко, что женские ягодицы колыхались над их головами. Зачем и кому понадобилось странная манифестация, Наблюдатель раскусил не сразу. Догадался позднее, благодаря тонко выбранному ракурсу. Предотвращать не входило в его полномочия. Оставалось пассивно наблюдать, как троица, словно по команде, привстала, взяла на изготовку карабины. Между женских плеч ахнули выстрелы, и конвоиры снова примостились на корточки. Наблюдатель поискал глазами, куда целились и от кого прятались конфузливые юноши. У него едва не отвалилась челюсть. Они стреляли в солдат! Боевыми пулями! Один из воинов распластался на земле, под ним в пыли расплывалась кровь. Второй, присев и морщась от боли, держался за плечо. Наблюдатель никак не мог взять в толк — почему Дженинские карабинеры выбрали ущербную диспозицию. Пространство между ними и мишенями было туго нафаршировано толпой, мешавшей прицельному огню. Израильтяне, оттащив раненых за каменную преграду, заняли оборону. Целились, но не стреляли. Кажется, намеренно выжидали.

Смешались визг, вой, выстрелы. Зона между противоборствующими сторонами быстро пустела. Люди разбегались кто куда. Не все. Несколько человек уже никуда не спешили, вобрав погасшими глазами мирное небо своей или чужой «Палестины».

Израильские солдаты отбивались так нелепо, что Наблюдатель засомневался в здравости их рассудка. При их вооружении можно было в мгновение обезвредить Дженинских конвоиров. Но и к арабским стрелкам у Наблюдателя скопились вопросы. Как они умудрились пустить в город израильских горе-вояк! И притом заявлять о какой-то оккупации! Солдаты вместо того, чтобы сразу открыть огонь на поражение, как практикуется в цивилизованных странах, принялись отползать в глубь улицы, оттирая в безопасные уголки мирных граждан, миротворцев в голубых касках и гостей Дженина. Нет чтобы спасаться самим!

Женские ряды нападавших держались нерушимо. Визжали от ужаса перепуганные дети, лишённые возможности куда-нибудь убежать. Конвоиры придерживались избранной тактики. На миг вырастали между женских плеч, стреляли и снова падали ниц. Выстрелы гремели лишь с одной стороны. Израильтяне не отвечали. Им не составило бы трудов расстрелять вражеские порядки. Взамен они пытались укрыться за прилавками. Наконец, пространство между солдатами и боевиками опустело.

На запятнанной кровью земле рыжий финн, выпучив синие глаза, причитал над телом эстонского тинейджера, так и не успевшего вкусить нежные тайны однополой любви. Рядом, зажимая ручонками дыру в животе, стенал ребёнок. К нему, презирая пули, побежал израильский санитар. Выстрелы застучали чаще, смерть выплясывала рядом. Смельчак добрался невредимым и, сделав малышу противошоковый укол, принялся накладывать на рану бинты. В воздухе будто слышались молитвы и зубовный скрежет его сослуживцев. Но они не стреляли. Неужто берегли боеприпасы? Или боялись угодить в женщин и детей? И то и другое казалось Наблюдателю абсурдом. Оставить без прикрытия боевого друга? Как оправдаться перед его матерью! Перед собой!

Время неисчерпаемо. Анемично. Всё происшедшее заняло пять скороспелых минут. Из переулка, низко пригибаясь к земле, выбежал репортёр с камерой на плече. Из тех, кто рискуя жизнью, освещает цивилизованным странам горькую правду из «горячих» точек Земли. Вскоре остальное человечество узнает о «зверствах» израильских варваров в мирном Дженине. Оператор по широкой дуге оббежал израильские позиции и уже приготовился творить, но был остановлен за шиворот твёрдой рукой напарника. Напарник был насквозь профессионалом. Понимал, что всё дело в ракурсе! Наблюдатель знал об этом не хуже.

И спарка военных репортёров, сгибая спины, втирая их в разогретый камень стен, пробралась туда, где действительно было жарко. И очень опасно. За спины и ягодицы женского «батальона». И только, когда оба оператора запустили свои камеры, Наблюдатель понял всю дьявольскую целесообразность выбранного ракурса. То, что увидят люди по всему миру – это поникшие женские плечи. Это дрожащие от ужаса детские тельца! И напротив – целящихся в них из армейского оружия матёрых преступников! Головорезов! Кровожадных израильских солдат!

*** По дороге к Великой Мечети

И всё же Наблюдателя вновь очаровала Газа. Настали праздничные дни. Благословенные большие праздники. У Газы вообще серьёзный шанс прослыть единственным в мире городом, где горожане способны веселиться на трезвую голову. Алкоголь здесь не в ходу. Категорически не употребляют. Нельзя. Коран запрещает. Наркотики тоже исключены, но по другим мотивам. Наблюдателю приходилось наблюдать отступников, тайком курящих канабис, но эту роскошь позволить себе могут не многие. Нет, наркотиков в Газе больше, чем зелёных попугаев в Кении, но не для местного употребления. Их аккуратно переправляют в Израиль, объясняя: «Пусть израильтяне ими подавятся. Пусть печень их детей съедает гепатит, иммунную систему уничтожает СПИД, а плечи дочерей украсятся клеймом блуда! Пусть все улицы их городов во главе с Кнессетом, из израильским Парламентом, заполонят разноцветные флаги ЛГБТ. Пока существуют ненавистные сионисты, бескорыстные бойцы за свободу «Палестины» не могут позволить себе ни капли алкоголя, ни щепоти волшебного порошка, ни грамма чудесных зёрен. Вот когда победят, дело другое, можно будет, наконец, выпить, уколоться, выкурить и забыться в сладостном кумаре».

Наблюдатель любил праздники. Не те, ежегодные европейские фестивали, где давным-давно нет места спонтанности, где радость фальшива, хоть выверни наизнанку. Где люди веселятся, потому что так принято. Глупости, суррогат не может заменить подлинность.

Сегодня Газа праздновала победу маленького рукотворного чуда – ракеты Кассам над всей израильской мощью, подпитанной грязными американскими долларами. У жителей Газы не было сомнений, кто победил в этой войне. Эйфория выплеснула на улицы города несметные толпы Газа-чадцев. Лишь однажды здесь ликовали так вдохновенно – когда два аэробуса, пилотируемых отважными воинами ислама, уничтожили сразу три тысячи врагов в башнях-близнецах Нью-Йорка.

Сегодня школьные классы во главе со своими учителями шествовали, мило щебеча и размахивая флажками. Рабочие и служащие, наоборот, разбившись на профессиональные содружества, но притом мужчины и женщины раздельно. Торжественно несли флаги несуществующего государства «Фалястын», получившего название от архаичного «филистимляне» и управляемого террористической организацией ХАМАС.

Путь Наблюдателя вместе с толпой пролегал к Великой Мечети, построенной на развалинах древнего языческого капища этих самых филистимлян. Сброда пришельцев с севера, ничего общего не имевших ни с евреями, ни с арабами, воюющих и с теми и с другими. Сначала эти бродяги поклонялись здесь Дагону, богу плодородия, потом Марнасу – богу дождя и зерна. Но вскоре непревзойдённый еврейский силач Самсон низложил капище, и в память об этом подвиге был похоронен под нынешней Великой арабской мечетью.

Людей объединяли улыбки, а крыши домов – световые шнуры, невесть как попавшие в город. Электрический дождь, составленный из вертикально взбегающих огней, приводил детей в неописуемый восторг. Но потом, когда они миновали ниспадающие шлейфы, световой ливень измельчал, враз погасли блистающие гирлянды. Водители автомобилей, даже не пытаясь просочиться сквозь нескончаемые человеческие заторы, разделяли радость с толпой. Люди угощали друг друга сладостями. Впервые за неделю не гремели взрывы. Под ногами оглушительно шелестели конфетные обёртки. Веселье из улочек выкатилось на площади, превратив их в многоликое разноцветье, будто занесённое разлившимися по весне ручьями. Наблюдатель позволил толпе увлечь себя. Вскоре он оказался намертво впаянным в ликующую человеческую массу – как муха, попавшая в мармеладину, запрятанную сластёной в холодильник, наверное, до лучших дней. Вроде, в плену, но как сладко...

Небо взорвалось огнями петард. Люди в восторге задрали головы. Некоторые в праздничном окрылении стреляли в воздух. Музыка, убыстряясь, набирала мощь. Её огненный темп заставлял даже Наблюдателя приплясывать на месте. Дети швырялись конфетами, твёрдыми, как патроны к непобедимому русскому автомату, всемирно известному «Калашу».

Наблюдатель вспомнил о поспешном решении отправиться за наблюдениями в иные пределы. Засомневался, пожалел. Ну что интересного он отыщет в пресном Люксембурге? Да ничего. Скукотища. А здесь... Кто-то тронул его за плечо. Он постарался оглянуться...

*** Как поладили Абдуррахман с Абучаем

Перед Наблюдателем, почтительно склонившись, стоял Абучай – отец чая, если сказать буднично. С привязанным сбоку вместительным сосудом, с металлическим подносом в руках, вроде подвешенной на спицах сковороды. Из длинного, загнутого книзу горлышка набиралась в чашечки ароматно-тягучая струйка. Сам же Абучай напоминал очеловеченную впопыхах куклу, гуттаперчевого гуляку. Каждая часть его тела жила своей, не зависящей от желаний хозяина, жизнью. Губы то сжимались в нити, то растягивались в чарующе-бессмысленной улыбке. Нос, длинный, почти без ноздрей, подозрительно шевелился, словно принюхиваясь. Фыркнул, как фыркает такса в конце лисьей норы, обнаружив вместо зверя породистого гнома, стража лесов. Видимо, запах Наблюдателя ему не понравился. И Абучай разнузданно чихнул, обрызгав людей. Хитро потупившись, извинился. Глаза его смотрели в разные стороны, двигаясь самостоятельно произвольными, свободными друг от друга, траекториями. Одному удалось сфокусироваться на Наблюдателе. Тот ободряюще кивнул. Разболтанное лицо паяца задёргалось пуще. Глаз клоуна, прикипевший к Наблюдателю, неожиданно подмигнул, а губы запрыгали со зловещей весёлостью: «Значит, ты тоже здесь? Ну, смотри в оба! Не прозевай!». Чай оказался пьянящим, хотя на вкус Наблюдателя переслащенным. Разносчик отвернулся, уселся на землю и разложил перед собой принадлежности – плитку с углями, чайничек, сахарницу, тазик для ополаскивания посуды, стаканы и ложечки.

Наблюдатель отвлёкся созерцанием Абучая и действительно пропустил начало. И ещё его отвлёк шум, чуждый общему веселью. Несколько десятков могучих бородачей в зелёных «банданах» с арабской вязью, содержащей поношение Израиля, уплотняли народ в конец улицы Омара Мухтара[2], народного героя. Орудуя автоматами, как дубинками, они освободили проход. Из-за домов появился, словно Гулливер над лилипутами, исполинский подъёмный кран со стрелой, протяжённостью в чью-то жизнь. Народ посторонился, но появление огромного механизма в сумятицу праздника не привнесло изменений. Лишь когда взбесившиеся музыкальные ритмы стихли, и концентрированный луч выхватил подвешенную на длинной стреле ладью-люльку, взоры людей устремились ввысь. В ладье, удерживая равновесие, стоял высокий старик, больше похожий на воинственного шейха, чем на пенсионера-брюзгу. С матёрой статью и каменным лицом. С бесцветным взглядом. Наблюдатель поёжился. Такой взгляд, а уж он повидал их немало, добра не предвещал. Радости тоже. Старик – Наблюдатель догадался назвать его Абдуррахманом – поднял над головой скорострельное орудие и запустил в тучу длинную очередь. Когда рожок автомата опустел, он, не глядя, швырнул оружие вниз, в толпу. Кто-то жалобно вскрикнул, и маленькая фигурка, то ли женщины, то ли ребёнка, сползла на

землю. Старец воздел руки. Наступила тишина, настоящая — та, в чьём нутре страшно, темно и пусто. Наблюдатель снова поёжился. Неприятные воспоминания. Точно такой же жест, вовсе не по форме, но по содержанию, он уже видел — в тридцать третьем году в Германии, на улицах Берлина.

- Есть вероотступник, - загудел сквозь мегафон густой бас старца, - веролом, сознающий, что он веролом. Он среди нас тише воды, ниже травы. Но есть веролом иной... он тоже живёт среди нас, но жрёт, как жадная свинья, нашу пищу... отрыгивает её и вновь жрёт. Мерзкая скотина! И только там, в грязном свинарнике, именуемом Тель-Авив, такие же гнусные еврейские свиньи, купившие веролома, знают, кто этот веролом. Но у «палестинского» народа есть святое право тоже знать, кто его предаёт! Право знать, кто этот свинья! Кто всеми проклятый веролом! Он, прикидываясь мирной овцой, исподтишка вонзает свои окровавленные клыки в мирные арабские тела. Метит их ядом, и метки эти издалека видны израильским стервятникам, сбрасывающим свои смертоносные яйца на наши города. Совсем недавно по метке вероломов погибла женщина и её невинные дети в доме напротив чайханы Мансура. Затем в муках по воле веролома умерла благочестивая Бадия, медсестра госпиталя Шифа. По наводке другого веролома смертью храбрых пал доблестный юноша Мустафа. При вмешательстве ещё одного веролома ранен и едва не погиб в тоннеле мужественный юноша Халиль. Подлость следующего веролома привела к ухудшению отношений с Европой и гибели несчастного мальчика из Дженина. Священная кровь братьев «палестинцев» взывает к отмщению! - голос Абдуррахмана взвился выше крановой стрелы. — Они здесь, эти вероломы. Надеялись избежать народного гнева. Но они попались в наши руки, эти подонки. Безбородый Ахмад, он, прикрываясь гибелью детей, покалечил Али, верного воина Аллаха. Лжедоктор Фархад препятствовал санитарам доставлять в клинику Шифа людей, пострадавших в час сионистского обстрела. Он же, мерзкий Фархад распорядился отключить от систем жизнеобеспечения ещё живую пациентку Бадию. Аптекарь Джамал, подсунул нашему соратнику Мустафе средство с ужасной вонью, выдавшей мужественного юношу на территории врага. Гнусный Парвиз, скрывавшийся под личиной директора школы в Рафе, он препятствовал прокладке тоннеля на территорию сионистов, из-за него в проекте допущены ошибки, они привели к ранению мужественного юноши Халиля. Торговец Абу из Дженина опорочил освободительную борьбу народа «Палестины», продав финскому подданому четыре пучка дикорастущей мяты. Он также направил еврейский патруль против людей на рынке. В возникшей перестрелке был ранен и умер восьмилетний мальчик. Смотрите, сейчас они предстанут перед вами. Что сделаем им!?

К крану подвели пятерых несчастных с покрытыми мешковиной головами. Наблюдателю стало неловко. Он с горечью осознавал, что вина арестованных не была столь значимой, чтобы повлечь за собой тяжкое наказание. В действительности нужное лишь для всеобщего устрашения.

Многотысячная толпа молчала. Свирепый старец желал услышать ответ:

- Что сделаем мы вероломам?!

- Смерть!!! – раздалось неожиданно и громогласно.

- Не слышу!

- Смерть! Смерть! Смерть!

- Чаю? – тронул плечо Наблюдателя Абучай. В его хитроватом взгляде сквозил восторг. Наблюдатель вздрогнул, словно от электрического разряда. Всмотрелся в неорганизованное лицо Абучая. Крепкий мачо, несмотря на чрезмерную гуттаперчевость. Кожа смуглая с бронзовым отливом. Глаза чёрные, впалые и разнокалиберные. Шерсть в искрах, дьявольски светится. Что делать, опытный искуситель. Сатана.

- Нет, что-то не хочется.

Абучай улыбнулся вторым глазом. Его присутствия здесь больше не требовалось. Чайные принадлежности вмиг оказались собранными. Наблюдатель остался один. Наблюдать! Действие или, как альтернатива, бездействие порой предпочтительней наблюдения. Но уйти Наблюдатель не мог. Хотел, но не имел на то права.

Толпа, продолжая бесноваться, вошла в раж.

- Смерть! Смерть! Смерть!

Абдуррахман в ладье-люльке напоминал самодовольного паука, потирающего лапки в предвкушении сытной трапезы. Наблюдатель смотрел внимательно, стараясь не пропустить ни единой мелочи. И запомнить. Обязательно запомнить. По знаку старца ладья медленно подалась вниз. Остановилась в метре от земли. Наблюдатель протиснулся поближе. Приговорённых поставили на колени. Шею каждого увенчали верёвочным галстуком канатного плетения. Свободные концы привязали к крючьям, намертво приваренным к корме люльки. Казнь? Но... Абдуррахман снова воздел руки к равнодушному небу. «Аллах акбар!» - Наблюдатель облегчённо выдохнул. Он-то поспешно решил, что их казнят без напутствия. Старец дал отмашку. Ладья неспешно поплыла вверх, но остановилась, когда верёвки напряглись до струнного звона и лишь тогда зазвенели. Ветер заиграл на них незаконченный реквием Моцарта.

- Чаю!!! – весело попросил появившийся под люлькой Абучай и, легко дотянувшись, подал старцу медный сосуд и чашку. Абдуррахман налил, выпил, кукольно расправил плечи и взревел:

- Вверх или вниз?

- Вверх! – взорвалась в ответ толпа.

- Не слышу! – глумился старец.

- Вверх! – ревели Газа-чадцы.

- Не слышу!!!

- Вввеее..., - рёв слился в неразумный звук.

Абдуррахман услышал. Наблюдатель обернулся, уловив окончательное, как приговор:

-...ееерх! - и вгляделся в лица. Человеческие? И уже не был уверен. Абучай исчез, оставив за собой фантасмагорию – свиные рыла на шакальих торсах. В их глазках легко читались всеядность и тайная война против человечества. Ладья потянулась кверху. Наблюдатель сжал зубы. Медленно, очень медленно поднималась вверх люлька. Отчаянно, слишком отчаянно цеплялись тела за землю, извиваясь и дёргаясь в смертельной схватке. Жизнь мучительно покидала их. Неспешно, чтобы не лопнули шейные позвонки, подарив нечестивцам быструю смерть. Незабываемые минуты. Башенная стрела парила над толпой, предупреждая о дешевизне жизни. Девчушка лет трёх с зелёной повязкой «ХАМАС» на голове гордо оседлала плечи отца, помешав ему задрать голову выше. Пять вытянувшихся в струнку «вероломов» стали видны с дальних окраин города. Как ты прекрасна, Газа, в умении управлять своим народом. Неужели так надо?

Наблюдатель знал западную статистику. Из всего числа преступлений удаётся изловить до десяти процентов преступников. Из этих десяти процентов следствие передаёт в прокуратуру четверть открытых дел. Из четверти прокуратура переводит половину на рассмотрение в суд. Из этой половины три четверти завершаются обвинением. И только тогда из этих тощих четвертей осуждается большинство. Правда, половина этого большинства получает условное заключение, вторая половина честно отсиживает полный, а иногда неполный срок. Если шанс попасть в тюрьму стремится к нулю, то кем лучше быть – преступником, или законопослушным? То ли дело в Газе. Изловили – повесили. А следователи, прокуроры и судьи вместо того, чтобы протирать штаны в кабинетах, найдут себя в сельском хозяйстве, где всегда не хватает рук.

Наблюдатель вновь оглядел окружающих. Обычно люди в радости склонны прощать. Но эти, пощади Абдуррахман предателей, растерзали бы их. И его тоже. Интересный народ. Целеустремлённый, мужественный, здоровый. Но, возможно, следовало бы провести ревизию и отыскать причину горестей и неудач человечества на протяжении бесконечных лет. Картина ладьи, освещённой прожектором, захватывала дух. К звёздам поднимался дым далёких пожарищ. Бесновался дед с незрячим взором, под его седой бородой висели пять тел. Напрасно Наблюдатель посчитал это финалом. Попал пальцем в небо. Абдуррахман наклонился и перерезал верёвки. Трупы, словно ненужные украшения с вязким стуком попадали на асфальт. Народ бесновался, такого праздничного шоу в честь победы над Израилем никто до сих пор не видел. Но и это не было завершением. На площадь въехали мотоциклы. Мёртвых привязали к байкам, и началась другая потеха. Машины взревели, дёрнулись, пошли потихоньку, волоча ещё тёплые тела по асфальту. Но затем, постепенно набирая скорость, исчезли в недрах родной Газы. Мертвецов тащили по улицам, пока осквернённые тела не превратились в кровавые студни. Их не смогли опознать даже родственники, чтобы предать земле. Наблюдатель глядел на полыхающий в небе фейерверк – на фоне изумрудных огней гордо сверкал полумесяц со звездой между остриями.

Это созрел финал. И подоспело утро. Наблюдатель выпрямился. Посмотрел на чистое небо. На мирное солнце, не внушавшее тревог. Ему стало грустно. Обидно за людей, придумавших свою правду, несхожую с завещанной Богом истиной. Именно тут и сейчас он твёрдо решил отправиться наблюдать в Люксембург. И вместо себя оставить здесь, в Газе, любую другую свою ипостась. Может быть, бойкую женщину. Предприимчивого юношу или мужчину. Или проворного ребёнка, способного наблюдать так споро, чтобы быть одновременно кругом в Газе. Наблюдатель вполне разделял теорию прогрессивного учёного мужа, согласно которой одна и та же сущность могла существовать кругом в один и тот же момент. В бессчётном числе точек бесконечно непостижимого пространства.